公益財団法人 日本漢字能力検定協会

改訂四版

漢検

漢検 漢字学習 ステップ

漢字練習ノート

別冊
べっ さつ

付・「総まとめ」答案用紙
そう

7級

JN092686

「漢字練習ノート」は、別冊になっています。とりはずして使ってください。

※「漢字練習ノート」をとじているはり金でけがをしないよう、気をつけてください。

漢検 公益財団法人 日本漢字能力検定協会

700407 ①-4

栄	英	印	茨	位	衣	以	案	愛
栄	英	印	茨	位	衣	以	案	愛
栄	英	印	茨	位	衣	以	案	愛

芽	課	貨	果	加	億	岡	塩	媛
芽	課	貨	果	加	億	岡	塩	媛
芽	課	貨	果	加	億	岡	塩	媛

漢字表は本文 19 ページにあります

完	潟	覚	各	街	害	械	改	賀
完	潟	覚	各	街	害	械	改	賀
完	潟	覚	各	街	害	械	改	賀

官	管	関	観	願	岐	希	季	
官	管	関	観	願	岐	希	季	
官	管	関	観	願	岐	希	季	

漢字表は本文 27 ページにあります

		給	泣	求	議	機	器	旗
		給	泣	求	議	機	器	旗
		給	泣	求	議	機	器	旗

漢字表は本文 35 ページにあります

熊	極	競	鏡	協	共	漁	挙
熊	極	競	鏡	協	共	漁	挙
熊	極	競	鏡	協	共	漁	挙

漢字表は本文 39 ページにあります

	欠	芸	景	径	群	郡	軍	訓
	欠	芸	景	径	群	郡	軍	訓
	欠	芸	景	径	群	郡	軍	訓

漢字表は本文 43 ページにあります

結	建	健	験	固	功	好	香	候
結	建	健	験	固	功	好	香	候
結	建	健	験	固	功	好	香	候

漢字表は本文 47 ページにあります

昨	崎	材	埼	最	菜	差	佐	康
昨	崎	材	埼	最	菜	差	佐	康
昨	崎	材	埼	最	菜	差	佐	康

		残	散	産	参	察	刷	札
		残	散	産	参	察	刷	札
		残	散	産	参	察	刷	札

漢字表は本文 61 ページにあります

	鹿	辞	滋	治	児	試	司	氏
	鹿	辞	滋	治	児	試	司	氏
	鹿	辞	滋	治	児	試	司	氏

	松	初	順	祝	周	種	借	失
	松	初	順	祝	周	種	借	失
	松	初	順	祝	周	種	借	失

信	臣	縄	城	照	焼	唱	笑

節	折	積	席	静	清	省	成	井
節	折	積	席	静	清	省	成	井
節	折	積	席	静	清	省	成	井

巣	倉	争	然	選	戦	浅	説
巣	倉	争	然	選	戦	浅	説
巣	倉	争	然	選	戦	浅	説

漢字表は本文 87 ページにあります

達	隊	帯	孫	卒	続	側	束
達	隊	帯	孫	卒	続	側	束
達	隊	帯	孫	卒	続	側	束

漢字表は本文 91 ページにあります

		底	低	兆	沖	仲	置	単
		底	低	兆	沖	仲	置	単
		底	低	兆	沖	仲	置	単

	特	働	灯	努	徒	伝	典	的
	特	働	灯	努	徒	伝	典	的
	特	働	灯	努	徒	伝	典	的

	梅	敗	念	熱	梨	奈	栃	徳
	梅	敗	念	熱	梨	奈	栃	徳
	梅	敗	念	熱	梨	奈	栃	徳

漢字表は本文 103 ページにあります

	不	標	票	必	飛	飯	阪	博
	不	標	票	必	飛	飯	阪	博
	不	標	票	必	飛	飯	阪	博

漢字表は本文 113 ページにあります

辺	別	兵	副	富	阜	府	付	夫
辺	別	兵	副	富	阜	府	付	夫
辺	別	兵	副	富	阜	府	付	夫

漢字表は本文 117 ページにあります

	満	末	牧	望	法	包	便	変
	満	末	牧	望	法	包	便	変
	満	末	牧	望	法	包	便	変

漢字表は本文 121 ページにあります

		養	要	勇	約	無	民	未
		養	要	勇	約	無	民	未
		養	要	勇	約	無	民	未

類	輪	量	料	良	陸	利	浴
類	輪	量	料	良	陸	利	浴
類	輪	量	料	良	陸	利	浴

漢字表は本文 129 ページにあります

		録	労	老	連	例	冷	令
		録	労	老	連	例	冷	令
		録	労	老	連	例	冷	令

29

7級 総（そう）まとめ 答案用紙

※実（じっ）際（さい）の検（けん）定（てい）での用紙の大きさとは異（こと）なります。

(一) 読み (20)　1×20

10	9	8	7	6	5	4	3	2	1

(二) 読み (10)　1×10

10	9	8	7	6	5	4	3	2	1

(五) 音読み・訓読み（記号） (20)　2×10

2	1

(四) 画数（算用数字） (10)　1×10

10	9	8	7	6	5	4	3	2	1
総画数（そう）					何画目				

(七) 漢字と送りがな（ひらがな） (14)　2×7

7	6	5	4	3	2	1

(九) 同じ読みの漢字 (16)　2×8

8	7	6	5	4	3	2	1

(十一) 漢字 (40)　2×20

10	9	8	7	6	5	4	3	2	1

総得点

/200

20	19	18	17	16	15	14	13	12	11

(三) 漢字えらび（記号） (20)

10	9	8	7	6	5	4	3	2	1

2×10

(六) 対義語（一字） (10)

5	4	3	2	1

2×5

10	9	8	7	6	5	4	3

(八) 同じ部首の漢字 (20)

ウ				イ			ア		
10	9	8	7	6	5	4	3	2	1

2×10

(十) じゅく語作り（記号） (20)

五		四		三		二		一	
10	9	8	7	6	5	4	3	2	1

2×10

20	19	18	17	16	15	14	13	12	11

漢字って楽しい！

鳴

口　鳥

人　木

休

漢字の歴史は三千年以上ともいわれています。

最初は、簡単な絵文字でした。

そのうち、それらを組み合わせて、新しい漢字が作られたのです。

一字一字の漢字に歴史がある、そう思うと、漢字の学習が楽しくなってきませんか。

「漢検」級別 主な出題内容

10級	…対象漢字数 80字
	漢字の読み／漢字の書取／筆順・画数

9級	…対象漢字数 240字
	漢字の読み／漢字の書取／筆順・画数

8級	…対象漢字数 440字
	漢字の読み／漢字の書取／部首・部首名／筆順・画数／送り仮名／対義語／同じ漢字の読み

7級	…対象漢字数 642字
	漢字の読み／漢字の書取／部首・部首名／筆順・画数／送り仮名／対義語／同音異字／三字熟語

6級	…対象漢字数 835字
	漢字の読み／漢字の書取／部首・部首名／筆順・画数／送り仮名／対義語・類義語／同音・同訓異字／三字熟語／熟語の構成

5級	…対象漢字数 1026字
	漢字の読み／漢字の書取／部首・部首名／筆順・画数／送り仮名／対義語・類義語／同音・同訓異字／誤字訂正／四字熟語／熟語の構成

4級	…対象漢字数 1339字
	漢字の読み／漢字の書取／部首・部首名／送り仮名／対義語・類義語／同音・同訓異字／誤字訂正／四字熟語／熟語の構成

3級	…対象漢字数 1623字
	漢字の読み／漢字の書取／部首・部首名／送り仮名／対義語・類義語／同音・同訓異字／誤字訂正／四字熟語／熟語の構成

準2級	…対象漢字数 1951字
	漢字の読み／漢字の書取／部首・部首名／送り仮名／対義語・類義語／同音・同訓異字／誤字訂正／四字熟語／熟語の構成

2級	…対象漢字数 2136字
	漢字の読み／漢字の書取／部首・部首名／送り仮名／対義語・類義語／同音・同訓異字／誤字訂正／四字熟語／熟語の構成

準1級	…対象漢字数 約3000字
	漢字の読み／漢字の書取／故事・諺／対義語・類義語／同音・同訓異字／誤字訂正／四字熟語

1級	…対象漢字数 約6000字
	漢字の読み／漢字の書取／故事・諺／対義語・類義語／同音・同訓異字／誤字訂正／四字熟語

※ここに示したのは出題分野の一例です。毎回すべての分野から出題されるとは限りません。また、このほかの分野から出題されることもあります。

日本漢字能力検定採点基準 最終改定：平成25年4月1日

❶ 採点の対象
筆画を正しく、明確に書かれた字を採点の対象とし、くずした字や、乱雑に書かれた字は採点の対象外とする。

❷ 字種・字体
① 2〜10級の解答は、内閣告示「常用漢字表」（平成二十二年）による。ただし、旧字体での解答は正答とは認めない。
② 1級および準1級の解答は、『漢検要覧 1／準1級対応』（公益財団法人日本漢字能力検定協会発行）に示す「標準字体」「許容字体」「旧字体一覧表」による。

❸ 読み
① 2〜10級の解答は、内閣告示「常用漢字表」（平成二十二年）による。
② 1級および準1級の解答には、①の規定は適用しない。

❹ 仮名遣い
仮名遣いは、内閣告示「現代仮名遣い」による。

❺ 送り仮名
送り仮名は、内閣告示「送り仮名の付け方」による。

❻ 部首
部首は、『漢検要覧 2〜10級対応』（公益財団法人日本漢字能力検定協会発行）収録の「部首一覧表と部首別の常用漢字」による。

❼ 筆順
筆順の原則は、文部省編『筆順指導の手びき』（昭和三十三年）による。常用漢字一字一字の筆順は、『漢検要覧 2〜10級対応』収録の「常用漢字の筆順一覧」による。

❽ 合格基準

級	満点	合格
1級／準1級／2級	二〇〇点	八〇％程度
準2級／3級／4級／5級／6級／7級	二〇〇点	七〇％程度
8級／9級／10級	一五〇点	八〇％程度

※部首、筆順は『漢検 漢字学習ステップ』など公益財団法人日本漢字能力検定協会発行図書でも参照できます。

日本漢字能力検定審査基準

10級

程度 小学校第1学年の学習漢字を理解し、文や文章の中で使える。

領域・内容

《読むことと書くこと》 小学校学年別漢字配当表の第1学年の学習漢字を読み、書くことができる。

《筆順》 点画の長短、接し方や交わり方、筆順および総画数を理解している。

9級

程度 小学校第2学年までの学習漢字を理解し、文や文章の中で使える。

領域・内容

《読むことと書くこと》 小学校学年別漢字配当表の第2学年までの学習漢字を読み、書くことができる。

《筆順》 点画の長短、接し方や交わり方、筆順および総画数を理解している。

8級

程度 小学校第3学年までの学習漢字を理解し、文や文章の中で使える。

領域・内容

《読むことと書くこと》 小学校学年別漢字配当表の第3学年までの学習漢字を読み、書くことができる。

・音読みと訓読みとを理解していること

・送り仮名に注意して正しく書けること(食べる、楽しい、後ろ など)

・対義語の大体を理解していること(勝つ—負ける、重い—軽い など)

・同音異字を理解していること(反対、体育、期待、太陽 など)

《筆順》 筆順、総画数を正しく理解している。

《部首》 主な部首を理解している。

7級

程度 小学校第4学年までの学習漢字を理解し、文の中で正しく使える。

領域・内容

《読むことと書くこと》 小学校学年別漢字配当表の第4学年までの学習漢字を読み、書くことができる。

・音読みと訓読みとを正しく理解していること

・送り仮名に注意して正しく書けること(等しい、短い、流れる など)

・熟語の構成を知っていること

・対義語の大体を理解していること(入学—卒業、成功—失敗 など)

・同音異字を理解していること(健康、高校、公共、外交 など)

《筆順》 筆順、総画数を正しく理解している。

《部首》 部首を理解している。

5級

程度　小学校第6学年までの学習漢字を理解し、文章の中で漢字が果たしている役割に対する知識を身に付け、漢字を文章の中で適切に使える。

領域・内容

《読むことと書くこと》　小学校学年別漢字配当表の第6学年までの学習漢字を読み、書くことができる。

・音読みと訓読みとを正しく理解していること
・送り仮名や仮名遣いに注意して正しく書けること
・熟語の構成を知っていること
・対義語、類義語を正しく理解していること
・同音・同訓異字を正しく理解していること

《筆順》　筆順、総画数を正しく理解している。

《四字熟語》　四字熟語を正しく理解している（有名無実、郷土芸能　など）。

《部首》　部首を理解し、識別できる。

6級

程度　小学校第5学年までの学習漢字を理解し、文章の中で漢字が果たしている役割を知り、正しく使える。

領域・内容

《読むことと書くこと》　小学校学年別漢字配当表の第5学年までの学習漢字を読み、書くことができる。

・音読みと訓読みとを正しく理解していること
・送り仮名や仮名遣いに注意して正しく書けること（求める、失う　など）
・熟語の構成を知っていること（上下、絵画、大木、読書、不明　など）
・対義語、類義語の大体を理解していること（禁止、許可、平等―均等　など）
・同音・同訓異字を正しく理解していること

《筆順》　筆順、総画数を正しく理解している。

《部首》　部首を理解している。

3級

程度　常用漢字のうち約1600字を理解し、文章の中で適切に使える。

領域・内容

《読むことと書くこと》　小学校学年別漢字配当表のすべての漢字と、その他の常用漢字約600字の読み書きを習得し、文章の中で適切に使える。

・音読みと訓読みとを正しく理解していること
・送り仮名や仮名遣いに注意して正しく書けること
・熟語の構成を正しく理解していること
・熟字訓、当て字を理解していること（乙女／おとめ、風邪／かぜ　など）
・対義語、類義語、同音・同訓異字を正しく理解していること

《四字熟語》　四字熟語を理解している。

《部首》　部首を識別し、漢字の構成と意味を理解している。

4級

程度　常用漢字のうち約1300字を理解し、文章の中で適切に使える。

領域・内容

《読むことと書くこと》　小学校学年別漢字配当表のすべての漢字と、その他の常用漢字約300字の読み書きを習得し、文章の中で適切に使える。

・音読みと訓読みとを正しく使える。
・送り仮名や仮名遣いに注意して正しく理解していること
・熟語の構成を正しく理解していること
・熟字訓、当て字を理解していること（小豆／あずき、土産／みやげ　など）
・対義語、類義語、同音・同訓異字を正しく理解していること

《四字熟語》　四字熟語を理解している。

《部首》　部首を識別し、漢字の構成と意味を理解している。

2級

程度　すべての常用漢字を理解し、文章の中で適切に使える。

《領域・内容》

《読むことと書くこと》　すべての常用漢字の読み書きに習熟し、文章の中で適切に使える。

・音読みと訓読みとを正しく理解していること
・送り仮名や仮名遣いを正しく理解していること
・熟語の構成を正しく理解していること
・熟字訓、当て字を理解していること（海女／あま、玄人／くろうと など）
・対義語、類義語、同音・同訓異字などを正しく理解していること

《四字熟語》　典拠のある四字熟語を理解している（鶏口牛後、呉越同舟 など）。

《部首》　部首を識別し、漢字の構成と意味を理解している。

準2級

程度　常用漢字のうち1951字を理解し、文章の中で適切に使える。

《領域・内容》

《読むことと書くこと》　1951字の漢字の読み書きを習得し、文章の中で適切に使える。

・音読みと訓読みとを正しく理解していること
・送り仮名や仮名遣いに注意して正しく書けること
・熟語の構成を正しく理解していること
・熟字訓、当て字を理解していること（硫黄／いおう、相撲／すもう など）
・対義語、類義語、同音・同訓異字を正しく理解していること

《四字熟語》　典拠のある四字熟語を正しく理解している（驚天動地、孤立無援 など）。

《部首》　部首を識別し、漢字の構成と意味を理解している。

※1951字とは、昭和56年（1981年）10月1日付内閣告示による旧「常用漢字表」の1945字から「勺」「錘」「銑」「脹」「匁」の5字を除いたものに、現行の「常用漢字表」のうち、「茨」「媛」「岡」「熊」「埼」「鹿」「栃」「奈」「梨」「阪」「阜」の11字を加えたものを指す。

1級

程度　常用漢字を含めて、約6000字の漢字の音・訓を理解し、文章の中で適切に使える。

《領域・内容》

《読むことと書くこと》　常用漢字の音・訓を含めて、約6000字の漢字の読み書きに慣れ、文章の中で適切に使える。

・熟字訓、当て字を理解していること
・対義語、類義語、同音・同訓異字などを理解していること
・国字を理解していること（怺える、毟る など）
・地名・国名などの漢字表記について理解していること（当て字の一種）を知っていること（鹽・塩・颱風・台風 など）
・複数の漢字表記について理解していること

《四字熟語・故事・諺》　典拠のある四字熟語、故事成語・諺を正しく理解している。

《古典的文章》　古典的文章の中での漢字・漢語を理解している。

※約6000字の漢字は、JIS第一・第二水準を目安とする。

準1級

程度　常用漢字を含めて、約3000字の漢字の音・訓を理解し、文章の中で適切に使える。

《領域・内容》

《読むことと書くこと》　常用漢字の音・訓を含めて、約3000字の漢字の読み書きに慣れ、文章の中で適切に使える。

・熟字訓、当て字を理解していること
・対義語、類義語、同音・同訓異字などを理解していること
・国字を理解していること（峠、凧、畠 など）
・複数の漢字表記について理解していること（國─国、交叉─交差 など）

《四字熟語・故事・諺》　典拠のある四字熟語、故事成語・諺を正しく理解している。

《古典的文章》　古典的文章の中での漢字・漢語を理解している。

※約3000字の漢字は、JIS第一水準を目安とする。

※常用漢字とは、平成22年（2010年）11月30日付内閣告示による「常用漢字表」に示された2136字をいう。

個人受検を申し込まれる皆さまへ

協会ホームページのご案内

検定に関する最新の情報（申込方法やお支払い方法など）は、公益財団法人 日本漢字能力検定協会ホームページ https://www.kanken.or.jp/ をご確認ください。

なお、下記の二次元コードから、ホームページへ簡単にアクセスできます。

受検規約について

受検を申し込まれる皆さまは、「日本漢字能力検定 受検規約（漢検PBT）」の適用があることを同意のうえ、検定の申し込みをしてください。受検規約は協会のホームページでご確認いただけます。

1 受検級を決める

受検資格 制限はありません

実 施 級 1、準1、2、準2、3、4、5、6、7、8、9、10級

検定会場 全国主要都市約170か所に設置（実施地区は検定の回ごとに決定）

検定時間 ホームページにてご確認ください。

2 検定に申し込む

インターネットにてお申し込みください。

3 受検票が届く

受検票は検定日の約1週間前から順次お届けします。

団体受検の申し込み

自分の学校や企業などの団体で志願者が一定以上集まると、団体単位で受検の申し込みができる「団体受検」という制度もあります。団体受検申込を扱っているかどうかは先生や人事関係の担当者に確認してください。

4 検定日当日

持 ち 物　受検票、鉛筆（HB、B、2Bの鉛筆またはシャープペンシル）、消しゴム

※ボールペン、万年筆などの使用は認められません。ルーペ持ち込み可。

注　意

① 会場への車での来場（送迎を含む）は、交通渋滞の原因や近隣の迷惑になりますので固くお断りします。

② 検定開始時刻の15分前を目安に受検教室までお越しください。答案用紙の記入方法などを説明します。

③ 携帯電話やゲーム、電子辞書などは、電源を切り、かばんにしまってから入場してください。

④ 検定中は受検票を机の上に置いてください。

⑤ 答案用紙には、あらかじめ名前や生年月日などが印字されています。

⑥ 検定日の約5日後に漢検ホームページにて標準解答を公開します。

5 合否の通知

検定日の約40日後に、受検者全員に「検定結果通知」を郵送します。合格者には「合格証書」・「合格証明書」を同封します。

欠席者には検定問題と標準解答をお送りします。

受検票は検定結果が届くまで大切に保管してください。

進学・就職に有利！
合格者全員に合格証明書発行

大学・短大の推薦入試の提出書類に、また就職の際の履歴書に添付してあなたの漢字能力をアピールしてください。合格者全員に、合格証書と共に合格証明書を2枚、無償でお届けいたします。

合格証明書が追加で必要な場合は有償で再発行できます。

申請方法はホームページにてご確認ください。

■ お問い合わせ窓口 ■

電話番号　[FC] フリーコール **0120・509・315**（無料）

（海外からはご利用いただけません。ホームページよりメールでお問い合わせください。）

お問い合わせ時間　月〜金　9時00分〜17時00分

（祝日・お盆・年末年始を除く）

※公開会場検定日とその前日の土曜は開設

※検定日は9時00分〜18時00分

メールフォーム　https://www.kanken.or.jp/kanken/contact/

「漢検」受検の際の注意点

【字の書き方】

問題の答えは楷書で大きくはっきり書きなさい。乱雑な字や続け字、また、行書体や草書体のようにくずした字は採点の対象とはしません。

特に漢字の書き取り問題では、答えの文字は教科書体をもとにして、はねるところ、とめるところなどもはっきり書きましょう。また、画数に注意して、一画一画を正しく、明確に書きなさい。

《例》
- ○ 熱 × 熱
- ○ 言 × 言
- ○ 糸 × 糸

【字種・字体について】

(1) 日本漢字能力検定2～10級においては、「常用漢字表」に示された字種で書きなさい。つまり、表外漢字（常用漢字表にない漢字）を用いると、正答とは認められません。

《例》
- ○ 交差点 × 交叉点 （叉）が表外漢字
- ○ 寂しい × 淋しい （淋）が表外漢字

(2) 日本漢字能力検定2～10級においては、「常用漢字表」に示された字体で書きなさい。なお、「常用漢字表」に参考として示されている康熙字典体など、旧字体と呼ばれているものを用いると、正答とは認められません。

《例》
- ○ 真 × 眞
- ○ 飲 × 飲
- ○ 弱 × 弱
- ○ 渉 × 渉
- ○ 迫 × 迫

(3) 一部例外として、平成22年告示「常用漢字表」で追加された字種で、許容字体として認められているものや、その筆写文字と印刷文字との差が習慣の相違に基づくとみなせるものは正答と認めます。

《例》
- 餌 ➡ 餌 と書いても可
- 遡 ➡ 遡 と書いても可
- 葛 ➡ 葛 と書いても可
- 溺 ➡ 溺 と書いても可
- 箸 ➡ 箸 と書いても可

注意 (3)において、どの漢字が当てはまるかなど、一字一字については、当協会発行図書（2級対応のもの）掲載の漢字表で確認してください。

公益財団法人 日本漢字能力検定協会

改訂四版

漢検 漢字学習 ステップ

漢検

7級

漢検 公益財団法人 日本漢字能力検定協会

もくじ

本書の使い方

日本漢字能力検定（漢検）7級は、小学校4年生で学習する漢字二〇二字を中心に、それまでに学習する漢字をふくめた読み・書き、使い方などが出題されます。本書はその二〇二字を、漢字表・練習問題からなる25ステップに分けてあります。

また、復習と確認ができるように5ステップごとに力だめしを設けてあります。最後の総まとめは審査基準に則した出題形式で模擬試験としてご利用いただけます。

さらに付録として、「学年別漢字配当表」や「常用漢字表　付表」などの資料ものせてあります。

漢検の主な出題内容は「日本漢字能力検定審査基準」「日本漢字能力検定採点基準」（いずれも本書巻頭カラー口絵に掲載）等で確認してください。

一　漢字表

覚えておきたい項目をチェック

ステップごとにしっかり学習

ステップ1回分
（漢字表＋練習問題）

二　練習問題

練習問題で実力養成

三　力だめし

5ステップごとに

成果を確認

四　総まとめ

4

一 漢字表

1ステップの学習漢字数は7〜9字です。

漢字表には、それぞれの漢字について覚えておきたい項目が整理されています。漢字表の内容を確認してから、練習問題に進んでください。

❶ 学習漢字

教科書体で記してあります。ここを参考にして略さずていねいに書くよう心がけましょう。音読みをカタカナで、訓読みをひらがなで示してあります。中は中学校で学習する読みで、4級以上で出題対象となります。高は高校で学習する読みで、準2級以上で出題対象となります。

❷ 読み

❸ 画数

総画数を示しています。

❹ 部首・部首名

漢検採用のものです。

※赤刷りになっているところはまちがえやすいものです。注意しましょう。（筆順も同様）

❺ 意味

漢字の持つ主な意味です。意味を知っていると、漢字の使い分けや熟語の意味を理解しやすくなります。

❻ 用例

学習漢字を用いた熟語を中心に用例をあげました。赤字で示した読み方や漢字は、7級まででは学習しないものです。

❼ 筆順

漢字の筆順（書き順）を示してあります。途中を省略した場合は横に何画目かがわかるように数字をつけてあります。

二 練習問題

各ステップの問題は、読み・書き取り問題を中心にさまざまな問題で構成されています。

1（読み問題）…音読み・訓読みを適度に配分してあります。

2・3（応用問題）…部首、対義語・類義語、筆順・画数などの問題で構成されています。

4（書き取り問題）…答えを3回記入できるように「らん」を設けています。下の「らん」から書きこんで、2回目・3回目は前の答えをカバーそでの「かくしーと」でかくしながら記入してください。

コラム
誤りやすい漢字、使い分けなど、漢字全般のことがらをわかりやすく記してあります。

得点を記入します。

別冊 ●標準解答●

標準解答は別冊になっています。答え合わせの際は解説「ステップアップメモ」も参考にしてください。

別冊 ●漢字練習ノート●

別冊「漢字練習ノート」の漢字はステップの順番でならんでいます。筆順やトメ・ハネに注意して、ていねいに書くことを心がけましょう。

三 力だめし

5ステップごとに設けてあります。

一〇〇点満点で、自己評価ができますので、小テストとして問題に取り組んでください。

自己評価が
できます。

四 総まとめ

すべてのステップを学習したら、実力確認の問題にチャレンジしてください。

自己採点して、苦手分野は再度復習しましょう。

総まとめは別冊「漢字練習ノート」の 30・31
ページに答案用紙がついています。

クイズであそぼ！

力だめしの後には、楽しいクイズのページがあります。

次のページには進行表「漢字の画数を数えると？」があります。

学習の進み具合をチェックしましょう。

漢字の画数を数えると？

ステップ1回分が終わったら、そのステップの漢字を全部なぞって、総画数を合計しよう。

10ページにある表の中から、合計した総画数と同じ数字のマスをさがして、1ステップにつき1マスずつぬりつぶしていくと、最後に何が出てくるかな？

ステップ7
訓軍郡群
径景芸欠

□画

ステップ1
愛案以衣位
茨印英栄

□画

ステップ6
挙漁共協
鏡競極熊

□画

ステップ2
媛塩岡億加
果貨課芽

□画

ステップ8
結建健験固
功好香候

□画

ステップ3
賀改械害街
各覚潟完

□画

ステップ5
旗器機議
求泣給

□画

ステップ9
康佐差菜最
埼材崎昨

□画

ステップ4
官管関観
願岐希季

□画

ステップ10
札刷察参
産散残

□画

8

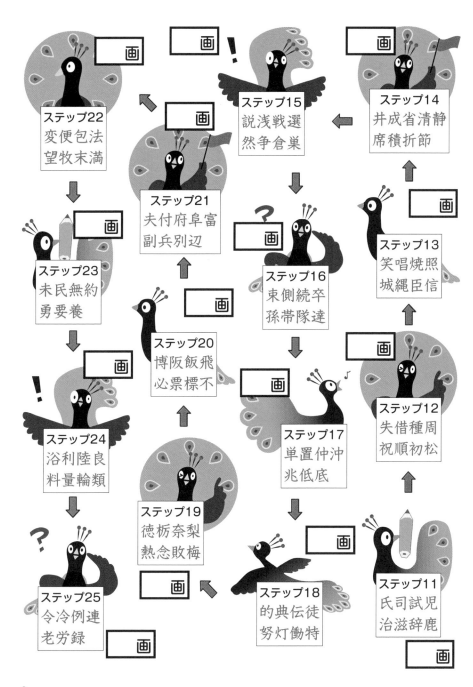

ステップ22
変便包法
望牧末満

ステップ21
夫付府阜富
副兵別辺

ステップ15
説浅戦選
然争倉巣

ステップ14
井成省清静
席積折節

ステップ23
未民無約
勇要養

ステップ16
束側続卒
孫帯隊達

ステップ13
笑唱焼照
城縄臣信

ステップ20
博阪飯飛
必票標不

ステップ24
浴利陸良
料量輪類

ステップ17
単置仲沖
兆低底

ステップ12
失借種周
祝順初松

ステップ19
徳栃奈梨
熱念敗梅

ステップ18
的典伝徒
努灯働特

ステップ11
氏司試児
治滋辞鹿

ステップ25
令冷例連
老労録

81				99		57			
58	96	59	65	65		73		92	71
			76		91	86	87		90
90			56				73		
	68	102	66				70		96
84		76			68		95	64	
		88	73		84	90	69		105
55		61		76		81	60		91
		65	103		67	95		66	60
72	81	94	97			65			
		71	89			83	87	70	
96		62		92	100	55		85	93
100	73	75			86	67			
	102		85		63		72		

何が出てくるかな？

答えは 別冊標準解答 22 ページ

漢字	愛	案	以	衣	位	茨	印	英	栄
読み 音	アイ	アン	イ	イ	イ	—	イン	エイ	エイ
読み 訓	—	—	—	ころも 中	くらい	いばら	しるし	—	さか（える）・は（える）（え）高・は（える）高
画数	13	10	5	6	7	9	6	8	9
部首	心	木	人	衣	イ	艹	卩	艹	木
部首名	こころ	き	ひと	ころも	にんべん	くさかんむり	ふしづくり	くさかんむり	き
漢字の意味	かわいがる・このむ・心をひかれる	考える・心配する・下書き	言葉の上について「…より」の意味を表す	からだにきるもの	場所・身分・数のくらい・人をうやまう言い方	いばら・とげのある低木・屋根をふく	はんこ・版で刷る・しるし・心に残る	イギリスの略・人なみすぐれる・	さかんになる・ほまれ・さかんにする
用例	愛犬・愛唱・愛情・愛鳥・愛読書・親愛・愛媛県	案外・案内・思案・新案・図案・提案・答案・名案	以降・以上・以心伝心・以前	衣食住・衣服・衣類・着衣・白衣・羽衣	位置・順位・水位・単位・方位・位が高い	茨の道・茨城県	印刷・印字・印象・消印・実印・調印・目印・矢印	英会話・英語・英才・英断・英雄・俊英	栄枯・栄光・栄養・繁栄・栄会・出来栄え・町が栄える
筆順	愛	案	以	衣	位	茨	印	英	栄

1 次の――線の漢字の読みをひらがなで書きなさい。

1 数は十倍すると位が一つ上がる。

2 友だちを公園に案内した。

3 お医者さんが白衣を着る。

4 室温を十八度以上にたもつ。

5 愛用のグローブで野球をする。

6 兄は英語を上手に話す。

7 優勝（ゆうしょう）して栄光を手にする。

8 長雨で川の水位が上がった。

9 進む方向を矢印でしめす。

10 茨のとげが指にささる。

11 学級新聞を印刷（さつ）する。

12 デパートに衣類（るい）を買いに行く。

漢字はどうやって作られた？

　絵はだれにでもわかる表現（ひょうげん）です。そこで人々は、絵によって言葉をつたえることを始めました。もっとも古い文字は絵から作られていったのです。

＜れい＞ 🐂 → ꭒ → ꙮ → 「牛」
　　　　 🐚 → ꙮ → ꙮ → 「貝」

12

2 上の漢字と下の □ の中の漢字を組み合わせて二字の熟語を二つ作り、記号で答えなさい。

〈れい〉校 ｜ ア門 イ学 ウ海 エ体 オ読
（イ）校・校（ア）

1 案 ｜ ア外 イ気 ウ黒 エ心 オ名
（　）案・案（　）

2 印 ｜ ア漢 イ目 ウ字 エ者 オ食
（　）印・印（　）

3 衣 ｜ ア員 イ院 ウ気 エ食 オ着
（　）衣・衣（　）

4 医 ｜ ア学 イ返 ウ青 エ白 オ名
（　）医・医（　）

5 愛 ｜ ア記 イ鳥 ウ湯 エ病 オ親
（　）愛・愛（　）

3 次の漢字の太い画のところは筆順の何画目か、算用数字（1、2、3…）で答えなさい。

1 愛 （　）（　）

2 有 （　）（　）

3 茨 （　）（　）

4 旅 （　）（　）

5 案 （　）（　）

6 印 （　）（　）

7 庭 （　）（　）

8 以 （　）（　）

9 英 （　）（　）

10 衣 （　）（　）

4 次の──線のカタカナを漢字になおして書きなさい。

1 この本はぼくの**アイドク**書だ。

2 食物から**エイ**養をとる。

3 書類にゴム**イン**をおす。

4 雨でぬれた**イフク**をかわかす。

5 じしゃくで**ホウイ**を調べる。

6 ポスターの**ズアン**を考える。

7 外国人に**エイ**会話を習う。

8 出世して高い**クライ**につく。

9 自分のかさに**シルシ**をつけた。

10 古代の文明が**サカ**える。

11 家の外は予想**イジョウ**の寒さだ。

12 かい主が**アイケン**の世話をする。

ステップ 2

漢字	芽	課	貨	果	加	億	岡	塩	媛
読み（訓・音）	訓 め／音 ガ	訓 —／音 カ	訓 —／音 カ	訓 は(たす)・は(てる)・は(て)／音 カ	訓 くわ(える)・くわ(わる)／音 カ	訓 —／音 オク	訓 おか／音 —	訓 しお／音 エン	訓 —／音 エン(中)
画数	8	15	11	8	5	15	8	13	12
部首	艹	言	貝	木	力	イ	山	土	女
部首名	くさかんむり	ごんべん	こがい	き	ちから	にんべん	やま	つちへん	おんなへん
漢字の意味	草や木のめ・物事の起こり	なすべき仕事・わりあてる	価値をもつ品物・おかね・商品	おかね・商品・くだもの・できばえ・思いきってする	たす・ふやす・なかまになる	一万の一万倍・数がひじょうに多いこと	おか・小高い土地・そば・かたわら	しお	美しい・たおやか・美しい女性・ひめ
用例	新芽・麦芽・発芽・芽ぶく・草木が芽生える	日課・課題・課程・課目・放課後・学課	貨車・貨物・通貨・金貨・銅貨・百貨店・硬貨	果実・成果・果物・参加・因果・結果・効果・使い果たす	加工・加算・加入・加熱・追加・塩を加える	一億・一億人・三億・二億年・百億円	岡山県・静岡県・福岡県	塩分・塩味・食塩・塩気・塩焼き・手塩にかける	才媛・愛媛県
筆順	芽芽芽芽芽	課²課⁴課⁷課¹¹課課	貨貨貨⁸貨貨貨	果果果果果	加加加加加	億²億⁴億¹¹億¹⁵億億	岡岡岡岡岡	塩塩塩塩⁵塩塩⁸塩塩	媛媛媛⁹媛媛媛⁶

15

ステップ 2

月　日

1 次の——線の漢字の読みをひらがなで書きなさい。

1 愛媛県の特産物はミカンだ。

2 果てしなく海が広がる。

3 岡山県はモモの産地として有名だ。

4 練習の成果を見せる。

5 塩分のとりすぎに気をつける。

6 町内のサッカーチームに加わる。

7 帰りに百貨店に行って買い物をする。

8 土の中から植物の芽がのびる。

9 アメリカの人口は三億をこえる。

10 スープに塩をひとつまみ入れる。

11 放課後に校庭でリレーの練習をする。

12 新しいメンバーが加入する。

「音音」音楽・「訓訓」子犬

漢字には、音と訓の二つの読み方があります。その昔、漢字が中国からつたわってきたとき、当時の発音を日本人がまねて読んだ読み方が「音」です。「訓」は、その漢字に同じ意味の日本語をあてはめた読み方です。「音楽」は「音」と「楽」のどちらも音読み、「子犬」は「子」と「犬」のどちらも訓読みをする熟語ですね。

16

2 次の部首のなかまの漢字で（ ）にあてはまる漢字一字を書きなさい。

〈れい〉 言（ごんべん）

（計）算・日（記）
けい　　　　き

1 サ（くさかんむり）

（ ）語・（ ）心・（ ）物・（ ）言
えい　　　く　　　　　　　に　　　　　ば

2 木（き）

（ ）光・（ ）実・図（ ）・（ ）農
えい　　　か　　　　　あん　　ぎょう

3 イ（にんべん）

（ ）表・（ ）事・百（ ）・円・二（ ）
だい　　　　し　　　　　　おく　　　　　ばい

4 言（ごんべん）

（ ）題・（ ）子・相（ ）
か　　　　　ちょう　　　　　だん

3 次の——線の漢字の読みは音読み（ア）ですか、訓読み（イ）ですか。記号で答えなさい。

1 根もと
　ね

2 根気
　こんき

3 塩味
　しおあじ

4 食塩
　しょくえん

5 加える
　くわ

6 加工
　かこう

7 消印
　けしいん

8 印
　しるし

9 果て
　は

10 結果
　けっか

17

4 次の――線のカタカナを漢字になおして書きなさい。

月 日　月 日　月 日

1 船で大きな**カモツ**を運ぶ。（　）

2 サルが**カジツ**を飲みこんだ。（　）

3 春になり木々の**シンメ**がのびる。（　）

4 新しくチームに**クワ**わる。（　）

5 朝顔の種(たね)から**ハツガ**する。（　）

6 冬休みの**カダイ**は作文だった。（　）

7 今月分のこづかいを使い**ハ**たす。（　）

8 木を**カコウ**していすを作る。（　）

9 **ショクエン**水の濃(こ)さを調べる。（　）

10 土の中に**キンカ**がうまっていた。（　）

11 日本の人口は**一オク**人をこえる。（　）

12 青菜(あおな)に**シオ**（　）

18

完	潟	覚	各	街	害	械	改	賀	漢字
訓 —／音 カン	訓 かた／音 —	訓 おぼ(える)・さ(ます)・さ(める)／音 カク	訓 おのおの(高)／音 カク	訓 まち／音 ガイ・カイ(中)	訓 —／音 ガイ	訓 —／音 カイ	訓 あらた(める)・あらた(まる)／音 カイ	訓 —／音 ガ	読み
7	15	12	6	12	10	11	7	12	画数
宀	氵	見	口	行	宀	木	攵	貝	部首
うかんむり	さんずい	みる	くち	ぎょうがまえ・ゆきがまえ	うかんむり	きへん	ぼくづくり・のぶん	こがい	部首名
すっかり・まったく・おわり・おわる	潮が引くと現れる所・ひがた	感じとる・目がさめる・はっきりする	めいめい・それぞれ・いろいろ	まち・まちなか	そこなう・わざわい・じゃまをする	しかけ・道具	前のものをやめて新しくする・しらべる	いわう・よろこぶ	漢字の意味
完走・完結・完勝・完治・完成・完敗・完全・未完	千潟・新潟県	覚悟・感覚・自覚・発覚・覚え書き・目を覚ます	各位・各国・各自・各地	街頭・街灯・市街地・商店街・街道・街角	害虫・公害・水害・百害・有害・利害・冷害	器械・機械・器械体操・精密機械	改革・改札・改正・改定・改良・更改・日を改める	賀春・参賀・祝賀・年賀状・佐賀県・滋賀県	用例
完 完 完 完 完	潟 潟 潟 潟 潟 潟	覚 覚 覚 覚 覚 覚	各 各 各 各 各	街 街 街 街 街 街	害 害 害 害 害 害	械 械 械 械 械 械	改 改 改 改 改	賀 賀 賀 賀 賀 賀	筆順

19

ステップ **3**

月　日

1 次の――線の漢字の読みをひらがなで書きなさい。

1 六時に犬の鳴き声で目が覚めた。

2 列車のダイヤが改正された。

3 街角で友だちとばったり出会う。

4 祝賀（しゅく）の言葉をのべる。

5 器械（き）体操（たいそう）の練習をする。

6 世界各国を旅行する。

7 市街地に新しくバスが通る。

8 改まった言葉づかいであいさつする。

9 新潟県は雪国として知られる。

10 各地で夏祭りが行われる時期だ。

11 病気はまだ完全にはなおっていない。

12 百害あって一利（いちり）なし

ひらがなのお母さんは漢字

「ひらがな」は、漢字の形をくずして作られました。

安→あ→あ　　以→～→い
宇→宇→う　　衣→ゑ→え
於→た→お

20

2 次の各組の——線の漢字の読みをひらがなで書きなさい。

1 道具を使いやすく改良する。

2 改めてお礼を言う。

3 雨がふって湖の水位が上がる。

4 数字の一の位を切りすてる。

5 街頭えんぜつが行われる。

6 街は多くの人でにぎわう。

7 プリンターで文字を印刷する。

8 見学の順路(じゅんろ)を矢印(さつ)でしめす。

9 船の汽笛が港にひびく。

10 口笛をふいて犬をよぶ。

11 自分のすべきことを自覚する。

12 王様の役のせりふを覚える。

3 後の[　]の中のひらがなを漢字になおして、意味が反対や対になることば（対義語(たいぎ)）を書きなさい。

[　]の中のひらがなは一度だけ使い、漢字一字を書きなさい。

〈れい〉 室内—室（外）

1 安心—心（　）

2 長所—（　）所

3 下山—（　）山

4 得意(とくい)—（　）手

5 直線—（　）線

6 部分—（　）体

きょく・ぜん・たん・と・にが・ぱい

21

4 次の──線のカタカナを漢字になおして書きなさい。

1 商店ガイで買い物をする。

2 駅のカイ札口で待ち合わせる。

3 こわれた機カイを直す。

4 村をスイガイから守る。

5 雨具はカクジで用意しなさい。

6 寒くて指先のカンカクがにぶる。

7 ユウガイな物質を取りのぞく。

8 プラモデルがカン成した。

9 元旦にネンガ状がとどく。

10 メザまし時計の音で起きる。

11 心を入れかえ行いをアラタめる。

12 パソコンの使い方をオボえる。

月　日

月　日

月　日

			4	**3**	**2**	**1**
/12	/12	/12	/6	/12	/12

22

漢字	官	管	関	観	願	岐	希	季
読み	音 カン／訓 —	音 カン／訓 くだ	音 カン／訓 せき・かか(わる)	音 カン／訓 —	音 ガン／訓 ねが(う)	音 キ中／訓 —	音 キ／訓 —	音 キ／訓 —
画数・部首	8／宀	14／竹	14／門	18／見	19／頁	7／山	7／巾	8／子
部首名	うかんむり	たけかんむり	もんがまえ	みる	おおがい	やまへん	はば	こ
漢字の意味	役所・役人・はたらきをもつもの	くだ・ふえ・とりしまる・	出入り口・しかけ・支配する	よく見る・ながめ・ものの見方	ねがい・いのる・たのむ	枝分かれした道 ふたまたに分かれる・	少ない・うすい・ねがう	一年の区分け・ある期間
用例	官庁・外交官 きゃ・器官 きかん・官 かんちょう 官 がいこうかん・長官 ちょうかん・調査官 ちょうさかん	管楽器 かんがっき・管理 かんり・気管 きかん・水道管 すいどうかん・保管 ほかん・手管 てくだ	関係 かんけい・関心 かんしん・関所 かんしょ・関取 せきとり・命に関わる いのちにかかわる・機関 きかん	観客 かんきゃく・観光 かんこう・客観 きゃっかん・観察 かんさつ・景観 けいかん・観戦 かんせん・美観 びかん・外観 がいかん	願書 がんしょ・願望 がんぼう・出願 しゅつがん・大願 たいがん・幸せを願う しあわせをねがう・念願 ねんがん・悲願 ひがん	岐路 きろ・多岐 たき・分岐 ぶんき・岐阜県 ぎふけん	希求 ききゅう・希少 きしょう・希代 きたい・希薄 きはく・希望 きぼう・古希 こき	季語 きご・季節 きせつ・雨季 うき・乾季 かんき・四季 しき・冬季 とうき・年季 ねんき
筆順	官官官官官	管²管⁶管¹²管管管管	関⁸関¹⁰関¹²関関関	観³観¹¹観¹³観¹⁸観観観	願¹⁰願¹²願¹⁴願¹⁷願¹⁹願願願願	岐岐岐岐岐岐	希希希希希希希	季季季季季

23

ステップ 4

月　日

1 次の――線の漢字の読みをひらがなで書きなさい。

1 りっぱな外観の家がたつ。

2 この運動公園は市が管理している。

3 出願の手続きを進めておく。

4 世界の国々とよい関係をきずく。

5 姉は外交官を目指している。

6 自由と平等を強く希求する。

7 観光バスで寺めぐりをする。

8 新しい季節がおとずれる。

9 ここは昔の関所のあとだ。

10 その問題とは何の関わりもない。

11 手練手管で人をだます。

12 世界が平和であるように願う。

カタカナのお母さんも漢字

「カタカナ」は、漢字の一部をとって作られました。カタカナもひらがなと同じく日本人が発明したものです。

阿→阝→ア　伊→イ→イ　宇→宀→ウ
江→エ→エ　於→方→オ

24

2 次の漢字を、総画数の少ないものから順に書きなさい。

愛・案・以・衣・億・械・
官・管・観・願・岐・薬

( ) → ( ) → ( ) → ( ) → ( )

3 次の――線のカタカナに合う漢字を後の □ の中からえらび、記号で答えなさい。□ の中の漢字は一度しか使えません。

1 太い血カンがうき出ている。
2 ひまわりの生長をカン察する。
3 けいさつカンに道をたずねる。
4 マラソン大会でカン走した。

ア 完　イ 官　ウ 管　エ 観

5 キ少価値のある柱時計だ。
6 キ待の新人があらわれた。
7 四キのうつりかわりを楽しむ。
8 号令とともにキ立する。

ア 起　イ 期　ウ 希　エ 季

25

4 次の――線のカタカナを漢字になおして書きなさい。

月 日　月 日　月 日

1 流れ星に**ネガ**いをかける。

2 **チョウカン**の命令にしたがう。

3 **シキ**おりおりの草花が美しい。

4 その問題には**カカ**わりたくない。

5 勝つことが長年の**ヒガン**だった。

6 水を流すための**クダ**を通す。

7 明日への**キ**望にもえて進む。

8 球場は**カンキャク**でいっぱいだ。

9 水道**カン**の工事が行われる。

10 高校の入学**ガンショ**を出す。

11 世の中の出来事に**カンシン**を持つ。

12 テストでは八十点が**セキ**の山だ。

項目	給	泣	求	議	機	器	旗
漢字	給	泣	求	議	機	器	旗
読み（音）	キュウ	キュウ（中）	キュウ	ギ	キ	キ	キ
読み（訓）	—	な（く）	もと（める）	—	はた（中）	うつわ（中）	はた
画数	12	8	7	20	16	15	14
部首	糸	氵	水	言	木	口	方
部首名	いとへん	さんずい	みず	ごんべん	きへん	くち	ほうへん・かたへん
漢字の意味	分ける・あたえる・世話をする・手当て	何かに感じてなみだが出る	もとめる・ほしがる・さがす	話し合う・意見	しかけ・はたらき・きっかけ	入れもの・道具・はたらきや才能のあること	はた
用例	月給・給食・給付・給油・給料・自給・自給自足・配給	感泣・号泣・泣き顔・大声で泣く	求職・求人・希求・追求・助けを求める	異議・会議・協議・議案・議会・議題・議論・不思議	機会・機械・機器・機体・機長・飛行機・機織り	器械・器具・器用・楽器・食器・器が大きい	旗手・校旗・国旗・旗色・旗印・旗をふる
筆順	給（6〜11画）	泣	求	議（7・11・13画）	機（4・7・10画）	器（5・12・15画）	旗（2・7・11画）

27

1 次の——線の漢字の読みをひらがなで書きなさい。

1 給食の時間を楽しみにする。

2 姉は手先がとても器用だ。

3 大きな旗をふっておうえんする。

4 花を求めてミツバチがやってくる。

5 機関車が音を立てて動き出す。

6 おさないころ、弟は泣き虫だった。

7 各国の国旗が風ではためいている。

8 書記が学級会の議題を黒板に書く。

9 楽器店でトランペットを買う。

10 求人らんを見てボランティアに加わる。

11 人々に食べ物を配給する。

12 話し合いの機会をもうける。

同じ音読みの漢字

漢字には、同じ音読みをする字がたくさんあります。しかし、意味はみんなちがっています。

＜れい＞「カ」…下・化・火・加・花・果・科・夏・家・
　　　　　　　　貨・歌・課

　　　　「キ」…気・希・汽・季・記・起・帰・期・旗・
　　　　　　　　器・機

28

2 上の漢字と下の □ の中の漢字を組み合わせて二字の熟語を二つ作り、記号で答えなさい。

〈れい〉校

ア門 イ学 ウ海 エ体 オ読

（イ）校・校（ア）

1 観
ア希 イ光 ウ助 エ美 オ命
観・観

2 器
ア芽 イ改 ウ具 エ世 オ食
器・器

3 加
ア入 イ進 ウ追 エ大 オ少
加・加

4 課
ア近 イ光 ウ世 エ題 オ日
課・課

5 願
ア記 イ氷 ウ使 エ書 オ悲
願・願

3 次の──線の漢字の読みは音読み（ア）ですか、訓読み（イ）ですか。記号で答えなさい。

1 関心 かんしん
2 関わる かか
3 管 くだ
4 血管 けっかん
5 屋根 やね
6 屋上 おくじょう
7 発芽 はつが
8 新芽 しんめ
9 筆箱 ふでばこ
10 毛筆 もうひつ

29

4

次の——線のカタカナを漢字になおして書きなさい。

月 日　月 日　月 日

1 遠くから**ハタ**をふって合図をする。（　）

2 ガソリンスタンドで**キュウユ**する。（　）

3 空港で飛行**キ**に乗る。（　）

4 分度**キ**を使って正三角形をかく。（　）

5 不思**ギ**な夢を見た。（　）

6 校庭のポールに**コッキ**をかかげる。（　）

7 世界の平和を**ツイキュウ**する。（　）

8 農業の**キカイ**化が進む。（　）

9 友だちに**ナ**き顔を見せたくない。（　）

10 大事なことを**カイギ**で決める。（　）

11 図形の面積を**モト**める。（　）

12 **ナ**きっつらにはち（　）

1	2	3	4			
/12	/5	/10	/12	/12	/12	

30

総得点

/100

評価

A

80点 ▶ B
75点 ▶ C
70点 ▶ D

60点 ▶ E

月　日

1 次の——線の漢字の読みをひらがなで書きなさい。

3×10
/30

1 朝のラジオ体操を日課とする。

2 東南アジアはまもなく雨季だ。

3 街角でちらしを配る。

4 五十メートル走で三位になる。

5 二億年前の化石が見つかる。

6 金貨などの宝物をさがす。

7 春にまいたたねが発芽した。

8 両国による調印式が行われた。

9 むずかしい問題に印をつける。

10 案ずるより産むがやすし

2 次の上の漢字の太い画のところは筆順の何画目か、下の漢字の総画数は何画か、算用数字（1、2、3…）で答えなさい。

2×10
/20

〈れい〉正（3）字（6）

1 芽（　）（　）
2 械（　）（　）
3 官（　）（　）
4 希（　）（　）
5 英（　）（　）

6 衣（　）（　）
7 街（　）（　）
8 億（　）（　）
9 果（　）（　）
10 塩（　）（　）

31

3 次の──線のカタカナを〇の中の漢字と送りがな（ひらがな）で書きなさい。

2×10 ／20

〈れい〉（正）**タダシイ**字を書く。（正しい）

1 （覚）人の名前を**オボエル**。
2 （温）スープを**アタタメル**。
3 （加）メンバーに**クワエル**。
4 （短）かみの毛を**ミジカク**切る。
5 （改）**アラタマッ**た口調だ。
6 （願）神様にお**ネガイ**する。
7 （関）委員会活動に**カカワル**。
8 （栄）地元の店が**サカエル**。
9 （求）まじめな人を**モトメル**。
10 （覚）大きな音で目を**サマス**。

4 次の──線のカタカナを漢字になおして書きなさい。

3×10 ／30

1 **アイケン**をつれて公園に行く。
2 祝**ガ**パーティーが行われる。
3 業者が**ガイチュウ**を退治する。
4 太陽が**カンゼン**にかくれた。
5 **イゼン**は池だった場所だ。
6 ジェット**キ**が空港に着陸する。
7 フルートは**カン**楽器だ。
8 春や秋は**カンコウ**客が多い。
9 今日の**キュウショク**はカレーだ。
10 **ナ**く子は育つ

クイズであそぼ！ 1

チョウの羽の部分を組み合わせて、漢字を完成させよう。

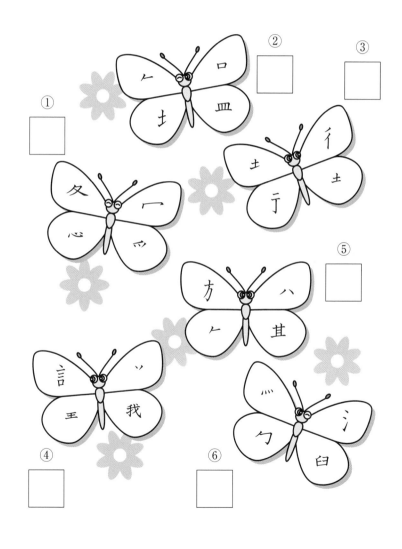

答えは 別冊標準解答 22 ページ

クイズであそぼ！2

　カエルが、部首の部分がきえた葉っぱを持っているよ。横一列になら
んだ四つの葉っぱに同じ部首を書き入れて、漢字を完成させよう。

ステップ 6

項目	熊	極	競	鏡	協	共	漁	挙
漢字	熊	極	競	鏡	協	共	漁	挙
読み（訓）	くま	きわ(める)中 きわ(まる)中 きわ(み)中	きそ(う)中 せ(る)高	かがみ	—	とも	—	あ(げる) あ(がる)
読み（音）	—	キョク ゴク中	キョウ ケイ高	キョウ	キョウ	キョウ	ギョ リョウ	キョ
画数	14	12	20	19	8	6	14	10
部首	灬	木	立	釒	十	ハ	氵	手
部首名	れっか れんが	きへん	たつ	かねへん	じゅう	は	さんずい	て
漢字の意味	動物のクマ	一方のはし／この上ないところ・きわめる	相手に勝とうとしてがんばる	かがみ・レンズ	力を合わせる・集まって相談する・おれ合う	いっしょに・「共産主義（きょうさんしゅぎ）」の略（りゃく）	魚をとる・あさる	あげる・おこなう・ならべたてる・こぞって
用例	熊手（くまで）・熊本県（くまもとけん）	極度（きょくど）・積極的（せっきょくてき）・南極（なんきょく）・北極（ほっきょく）・極上（ごくじょう）・極め付き（きわ）	競泳（きょうえい）・競技（きょうぎ）・競走（きょうそう）・競馬（けいば）・腕を競う（うでをきそう）・競争（きょうそう）・競り合う（きそ）	鏡台（きょうだい）・三面鏡（さんめんきょう）・望遠鏡（ぼうえんきょう）・鏡開き（かがみびらき）・手鏡（てかがみ）・眼鏡（めがね）	協同（きょうどう）・協会（きょうかい）・協議（きょうぎ）・協調（きょうちょう）・協約（きょうやく）・協力（きょうりょく）・協定（きょうてい）・妥協（だきょう）	公共（こうきょう）・共感（きょうかん）・共通（きょうつう）・共同（きょうどう）・共有（きょうゆう）・共に学ぶ（とも まな）	漁業（ぎょぎょう）・漁港（ぎょこう）・漁船（ぎょせん）・漁師（りょうし）・禁漁（きんりょう）・大漁（たいりょう）・不漁（ふりょう）	挙行（きょこう）・挙式（きょしき）・挙手（きょしゅ）・検挙（けんきょ）・選挙（せんきょ）・枚挙（まいきょ）・手を挙げる（てをあげる）
筆順	熊 熊 熊 熊4 熊6 熊14	極8 極 極 極4 極4 極	競 競2 競15 競18 競8 競	鏡12 鏡4 鏡 鏡17 鏡7 鏡 鏡10	協 協 協 協 協	共 共 共 共 共	漁 漁2 漁 漁10 漁 漁14	挙 挙 挙 挙 挙 挙

1 次の——線の漢字の読みをひらがなで書きなさい。

1 熊本県は火の国とよばれる。

2 英語は世界の共通語になっている。

3 三面鏡に自分のすがたをうつす。

4 先生の問いに挙手して答えた。

5 競泳の百メートル自由形に出場する。

6 夜明け前にカツオ漁に出る。

7 姉が結婚式を挙げる。
<small>けっこん</small>

8 日本は漁業がさかんな国だ。

9 エネルギー問題を協議する。

10 カマキリは共食いすることがある。

11 南極にはペンギンやアザラシがいる。

12 目は心の鏡

漢字を組み
立てる部分

漢字の多くは、左と右、上と下、囲む部分と囲まれる部分
<small>かこ</small>
など、いくつかの部分を組み合わせて作られています。それ
らは大きく七つに分けられ、それぞれに名前がついています。

| へん | つくり | かんむり | あし | たれ | にょう | かまえ |

2

次の部首のなかまの漢字で（　）にあてはまる漢字一字を書きなさい。

〈れい〉イ（にんべん）
（体）カ・エ（作）

1　氵（さんずい）
（　）船・（　）き顔・（　）心・（　）度
ぎょ　　な　　けっ　　おん

2　木（きへん）
北（　）・（　）会・（　）物・屋（　）
きょく　き　　しょく　ね

3　金（かねへん）
手（　）・（　）道・（　）行
かがみ　てつ　　ぎん

4　宀（うかんむり）
（　）全・長（　）・（　）定・（　）カ
かん　　かん　　あん　　じつ

3

次の──線のカタカナに合う漢字をえらび、記号で答えなさい。

1　食エンを加えないジュースだ。
（ア塩　イ遠　ウ園）

2　友人と校庭でキョウ走する。
（ア共　イ競　ウ教）

3　キョク度にきんちょうした。
（ア曲　イ局　ウ極）

4　公キョウ物を大切にあつかう。
（ア共　イ協　ウ教）

5　スポーツのキョウ会を設立する。
（ア強　イ協　ウ共）

6　入場行進でキ手をつとめた。
（ア記　イ旗　ウ希）

7　消火キの使い方を習う。
（ア起　イ機　ウ器）

37

4 次の――線のカタカナを漢字になおして書きなさい。

月 日 月 日 月 日

1 望遠キョウを買ってもらった。

2 弟と部屋をキョウドウで使う。

3 夜空にホッキョク星をさがす。

4 人々がケイバ場に集まった。

5 タイリョウで港が活気づく。

6 計画のキョウリョク者をつのる。

7 例をアげてわかりやすく話す。

8 カガミで自分のすがたを見る。

9 学級委員長の選キョに出る。

10 母とトモに買い物に行く。

11 運動会で徒キョウソウに出る。

12 朝早くギョセンが沖へ向かう。

38

項目	欠	芸	景	径	群	郡	軍	訓	漢字
読み	音 ケツ / 訓 か(ける) か(く)	音 ゲイ / 訓 —	音 ケイ / 訓 —	音 ケイ / 訓 —	音 グン / 訓 む(れる) む(れ) むら	音 グン / 訓 —	音 グン / 訓 —	音 クン / 訓 —	読み
画数	4	7	12	8	13	10	9	10	画数
部首	欠	艹	日	彳	羊	阝	車	言	部首
部首名	あくび・かける	くさかんむり	ひ	ぎょうにんべん	ひつじ	おおざと	くるま	ごんべん	部首名
漢字の意味	たりない・かける・きず・出ない	植物を植える・身につけたわざ	ありさま・けしき・あおぐ・興をそえるもの	こみち・まっすぐ・円の中心を通る線	あつまる・あつまり・多くの	行政区画の一つ	兵士の集団・戦争	おしえる・漢字を日本語で読む読み方	漢字の意味
用例	欠航・欠場・欠席・欠点・出欠・補欠・月が欠ける	芸術・芸能・園芸・学芸・曲芸・手芸・文芸・民芸	景観・景気・景品・光景・情景・風景・夜景・景色	径路・口径・山径・直径・半径	群生・大群・抜群・群馬県・羊の群れ・鳥が群がる	郡部・○○郡	軍医・軍人・軍隊・軍手・軍配	訓辞・訓読み・訓練・音訓・家訓・教訓・	用例
筆順	欠欠欠欠	芸芸芸芸芸芸芸	景景景景景景景	径径径径径径径	群群群群群群群	郡郡郡郡郡郡郡	軍軍軍軍軍軍軍	訓訓訓訓訓訓訓	筆順

39

1 次の――線の漢字の読みをひらがなで書きなさい。

1 訓読みすると漢字の意味がわかる。

2 ジュースを買うと景品がついていた。

3 ヒツジの群れが道をわたる。

4 一人でも欠けるとリレーができない。

5 軍人が主人公の映画を見た。

6 市部から郡部へ住まいをうつす。

7 軍手をはめて畑仕事をする。

8 今日、学校でひなん訓練をした。

9 群馬県の温泉地に行く。

10 直径一メートルもの木が切られた。

11 けがで試合を欠場する。

12 芸は身を助ける

「へん」と
「つくり」

・「へん」…左右二つに分けられる漢字の左の部分。
　＜れい＞「彳（ぎょうにんべん）」→径・後・待・役
　　　　　「言（ごんべん）」→課・議・訓・詩
・「つくり」…左右二つに分けられる漢字の右の部分。
　＜れい＞「攵（のぶん・ぼくづくり）」→改・教・整・放
　　　　　「頁（おおがい）」→顔・願・頭・題

2 次の上の漢字の太い画のところは筆順の何画目か、下の漢字の総画数は何画か、算用数字（1、2、3…）で答えなさい。

〈れい〉 正（3）｜字（6）

5	4	3	2	1
協	機	郡	旗	希
（　）	（　）	（　）	（　）	（　）

10	9	8	7	6
器	競	議	群	芸
（　）	（　）	（　）	（　）	（　）

3 次のカタカナを漢字になおし、一字だけ書きなさい。

1 アン内図
2 風ケイ画
3 学ゲイ会
4 百カ店
5 機カイ化
6 カン光地

（　）（　）（　）（　）（　）（　）

41

4 次の――線のカタカナを漢字になおして書きなさい。

月 日

1 すもうの**グンバイ**が東に上がった。

2 先生が全員の**シュッケツ**をとる。

3 お楽しみ会でかくし**ゲイ**をする。

4 牛たちが草原で**ム**れている。

5 水は生物に**カ**かせないものだ。

6 美しい雪**ゲシキ**を写真にとる。

7 池のコイがえさに**ムラ**がる。

8 **グンブ**ではモモ作りがさかんだ。

9 **ハンケイ**一メートルの円をかく。

10 失敗（しっぱい）から**キョウクン**をえた。

11 美しい街の**ヤケイ**をながめる。

12 つなわたりの**キョクゲイ**を見た。

42

項目	候	香	好	功	固	験	健	建	結
漢字	候	香	好	功	固	験	健	建	結
読み（音）	コウ	コウ中 キョウ高	コウ	コウ ク高	コ	ケン ゲン高	ケン	ケン コン高	ケツ
読み（訓）	そうろう高	か かお(り) かお(る)	この(む) す(く)	—	かた(める) かた(まる) かた(い)	—	すこ(やか)中	た(てる) た(つ)	むす(ぶ) ゆ(う)中 ゆ(わえる)中
画数	10	9	6	5	8	18	11	9	12
部首	イ	香	女	力	口	馬	イ	廴	糸
部首名	にんべん	かおり	おんなへん	ちから	くにがまえ	うまへん	にんべん	えんにょう	いとへん
漢字の意味	まつ・ようす・とき・うかがう	よいにおい・よいにおいを出すもの	このましい・うまい・よい・仲よくすること	てがら・ききめ・なしとげた結果	かたくする・もともと・自分の考えをとおす	しるし・ためす・しらべる	じょうぶ・ひじょうに	家や社寺などをたてる・意見を申し立てる	むすぶ・しめくくり・まとまる・できあがる
用例	天候・候補・気候・時候・兆候・居候	香水・香料・線香・香川県・花の香り	好感・好物・絶好・友好・好きな教科・和食を好む	功績・功名・年功・功利・功徳・功労・成功	強固・堅固・固辞・固体・固定・固有・土を固める	験算・経験・試験・実験・受験・体験・霊験	強健・健康・健勝・保健・健全・健闘・健やかに育つ	建国・建設・建具・建物・封建・建立・家が建つ	結果・結末・完結・直結・ひもを結ぶ・団結
筆順	候 候 候 候 候	香 香 香 香 香	好 好 好 好	功 功 功 功	固 固 固 固	験10 験12 験16 験5 験	健2 健 健 健 健	建 建 建 建 建12	結 結 結 結 結6

43

1 次の——線の漢字の読みをひらがなで書きなさい。

1 父が青いネクタイを結んでいる。

2 スポーツで強健な身体をやしなう。

3 ふたを開けておくと絵の具が固まる。

4 ケーキはわたしの好物だ。

5 となりの空き地に大きな家が建った。

6 香川県の名物はうどんだ。

7 理科室で実験器具をそろえる。

8 今日は建国記念(きねん)の日で学校は休みだ。

9 天候が悪いため遠足は中止になった。

10 空気は気体で、氷は固体だ。

11 この色はぼくの好みではない。

12 けがの功名で新薬が発見された。

「かんむり」と「あし」

・「かんむり」…上下二つに分けられる漢字の上の部分。
　　＜れい＞「艹（くさかんむり）」→英・芽・芸・葉
　　　　　　「𥫤（たけかんむり）」→管・算・笛・筆
・「あし」…上下二つに分けられる漢字の下の部分。
　　＜れい＞「ハ（は）」→六・具・共・典
　　　　　　「灬（れんが・れっか）」→照・然・点・熱

44

2 次の部首のなかまの漢字で （ ） にあてはまる
漢字一字を書きなさい。

〈れい〉 イ（にんべん）
（体）タイ ・ 力 ・ エ（作）サク

1 イ（ぎょうにんべん）
主（ ）ヤク ・ 直 ・ 半 ・ 期タイ
（ ）コウ

2 頁（おおがい）
（ ）カオ 色 ・ 宿 ・ 悲 ・ 部
（ ）ダイ （ ）ガン （ ）トウ

3 竹（たけかんむり）
気（ ）カン 落 ・ 上 ・ 本
（ ）ダイ （ ）トウ （ ）バコ

4 糸（いとへん）
（ ）ケツ 果 ・ 配 ・ 点 ・ 新
（ ）キュウ （ ）シュウ （ ）リョク

3 次の語の中で──線の漢字の読みが訓読みのもの
をえらび、記号で答えなさい。

1〔ア 教訓 イ 固形 ウ 結び目〕
2〔ア 会議 イ 群がる ウ 夜景〕
3〔ア 固ゆで イ 挙手 ウ 結実〕
4〔ア 気持ち イ 漁船 ウ 大好き〕
5〔ア 欠点 イ 健勝 ウ 手鏡〕
6〔ア 園芸 イ 矢印 ウ 北極〕
7〔ア 課目 イ 建物 ウ 軍手〕
8〔ア 好意 イ 受験 ウ 共食い〕

45

4 次の——線のカタカナを漢字になおして書きなさい。

月

日

1 **キコウ**のおだやかな地方に住む。

2 **ケンゼン**な心と体を育てる。

3 駅前は高い**タテモノ**が多い。

4 テストの**ケッカ**は上出来だ。

5 妹は犬と遊ぶのが**ス**きだ。

6 高台に家を**タ**てる。

7 ロケットの打ち上げに成**コウ**した。
せい

8 点と点を直線で**ムス**ぶ。

9 アジアの国と**ユウコウ**を深める。

10 庭に梅の**カ**がただよう。
うめ

11 海外旅行の**タイケン**談を聞く。

12 雨ふって地**カタ**まる

月

日

月

日

月

日

1	**2**	**3**	**4**		
/12	/4	/8	/12	/12	/12

46

項目	昨	崎	材	埼	最	菜	差	佐	康
漢字	昨	崎	材	埼	最	菜	差	佐	康
読み（音）	サク	—	ザイ	さい	サイ	サイ	サ	サ	コウ
読み（訓）	—	さき	—	—	もっと(も)	な	さ(す)	—	—
画数	9	11	7	11	12	11	10	7	11
部首	日	山	木	土	曰	艹	工	イ	广
部首名	ひへん	やまへん	きへん	つちへん	ひらび／いわく	くさかんむり	たくみ	にんべん	まだれ
漢字の意味	前の日・一年前・以前	さき・けわしい・あやうい	原料となる木や物・すぐれた人	さき・みさき	この上なく・いちばん	なっぱ・おかず	ちがい・さしひき・ひらき	たすける・軍隊の階級の一つ。「将」の下・手伝い	おだやか・やすらか・じょうぶ
用例	昨日・昨年・昨夜・昨今・一昨日	長崎県・宮崎県	材木・材料・人材・題材・器材・木材・取材	埼玉県	最低・最後・最終・最初・最中・最寄り・最も高い	菜園・菜食・山菜・菜種・青菜・野菜・白菜・前菜	差別・交差・時差・大差・差し伸べる・かさを差す	大佐・補佐・佐賀県	健康・小康
筆順	昨	崎	材	埼	最	菜	差	佐	康

月　日

ステップ **9**

1 次の——線の漢字の読みをひらがなで書きなさい。

1 最終のバスに間に合った。

2 ワラビやゼンマイなどの山菜をとる。

3 入院後は小康じょうたいをたもつ。

4 取材したことをまとめて記事にする。

5 佐賀県の地理について調べる。

6 わたしが最も好きな季節は秋だ。

7 うでを交差させてなわとびをする。

8 昨夜から雨がふりつづいている。

9 菜っ葉のつけものを食べる。

10 兄は埼玉県に住んでいる。

11 部屋に朝日が差しこむ。

12 船で長崎県にある島へ向かう。

「たれ」と「にょう」

・「たれ」…漢字のまわりのうち、上と左の二方を囲むもの。
　<れい>「尸（かばね・しかばね）」→屋・局
　　　　「广（まだれ）」→庫・康・庭・店
・「にょう」…漢字のまわりのうち、左と下の二方を囲むもの。
　<れい>「廴（えんにょう）」→建
　　　　「辶（しんにょう・しんにゅう）」→運・進・送

48

2

次の——線のカタカナを○の中の漢字と送りがな（ひらがな）で書きなさい。

〈れい〉 正 タダシイ字を書く。（正しい ）

1 好 父はあまい物をコノム。（　）

2 群 鳥たちがえさにムラガル。（　）

3 建 丸太で小屋をタテル。（　）

4 覚 駅までの道をオボエル。（　）

5 固 カタイ決意でのぞむ。（　）

6 欠 土びんの口がカケル。（　）

7 加 新人が二人クワワル。（　）

8 結 友人と親交をムスブ。（　）

9 求 暗算で答えをモトメル。（　）

10 改 悪いくせをアラタメル。（　）

3

次の——線のカタカナに合う漢字を後の＿＿の中からえらび、記号で答えなさい。＿＿の中の漢字は一度しか使えません。

1 母は今、食事のサイ中だ。（　）

2 畑で野サイを育てる。（　）

3 その画家は天サイとよばれた。（　）

4 文化サイの出し物を考える。（　）

　ア 最　イ オ　ウ 菜　　エ 祭

5 健コウによい食物をとる。（　）

6 天コウが悪化する。（　）

7 わたしのコウ物はラーメンだ。（　）

8 朝早くから漁コウに行く。（　）

　ア 港　イ 候　ウ 康　　エ 好

49

4 次の――線のカタカナを漢字になおして書きなさい。

1 季節の**ヤサイ**が店先にならぶ。（　）

2 行列の**サイゴ**にならぶ。（　）

3 先頭の走者との間に**タイサ**がつく。（　）

4 工作の**ザイ**料を買う。（　）

5 **サクジツ**の出来事を思い出す。（　）

6 昼と夜の温度**サ**が大きい。（　）

7 運動をして**ケンコウ**な体を作る。（　）

8 ほおに赤みが**サ**してきた。（　）

9 **ナ**の花が一面にさいている。（　）

10 トラックで**ザイモク**を運ぶ。（　）

11 **サクネン**は雪が多かった。（　）

12 妹はクラスで**モット**も足が速い。（　）

月　日
月　日
月　日
月　日

❶	❷	❸	❹			
／12	／10	／8	／12	／12	／12	

50

残	散	産	参	察	刷	札	漢字
音 ザン / 訓 のこ(る) のこ(す)	音 サン / 訓 ち(る) ち(らす) ち(らかす) ち(らかる)	音 サン / 訓 う(む) う(まれる) うぶ高	音 サン / 訓 まい(る)	音 サツ / 訓 ―	音 サツ / 訓 す(る)	音 サツ / 訓 ふだ	読み
10	12	11	8	14	8	5	画数
歹	攵	生	ム	宀	刂	木	部首
かばねへん いちたへん がつへん	ぼくづくり のぶん	うまれる	む	うかんむり	りっとう	きへん	部首名
むごい のこる・しいたげる・	ちる・まとまりがない・ ひま・気まま	うむ・うまれる・ つくり出す・財産	加わる・くらべる・ おまいりする・負ける	よく見る・おしはかる・ よく考える	する・ぬぐう	文字を書いた小さな木 や紙・紙のおかね	漢字の意味
残り物・名残・歴史に残る 残業・残暑・残念・敗残・	散歩・一目散・解散・ 発散・分散・花が散る 散業・	名産・産声・土産・子を産む 産業・国産・出産・生産・	参加・参観・参照・参道・ 降参・持参・神社に参る	察知・観察・考察・視察・ 推察・明察	刷新・印刷・手刷り・ 新聞を刷る	札束・改札・新札・ 千円札・入札・表札・名札	用例
残残残残残	散散散散散 散散散散散	産産産産産 産産産産産	参参参参参	察察察察察 察察察察察	刷刷刷刷刷	札札札札札	筆順

1 次の――線の漢字の読みをひらがなで書きなさい。

1 産みの苦しみを味わう。

2 父は残業で九時ごろに帰る。

3 表札を見て家をたしかめる。

4 高い山には夏でも雪が残っている。

5 国産の自動車に乗っている。

6 かるた大会でたくさん札を取った。

7 神社にお参りをする。

8 スポーツでストレスを発散させる。

9 来週の予定表を刷って配る。

10 母の気持ちを察して進んでてつだう。

11 参考書を使って理科の勉強をする。

12 朝の雨でサクラの花びらが散った。

「かまえ」

・「かまえ」…漢字のまわりを囲むもののうち、「にょう」と「た
れ」以外のもの。

<れい>「囗（くにがまえ）」→園・固・国

「門（もんがまえ）」→間・開・関

「匚（かくしがまえ）」→医・区

「行（ぎょうがまえ・ゆきがまえ）」→街

2

後の□□の中のひらがなを漢字になおして、意味が反対や対になることば（対義語）を書きなさい。□□の中のひらがなは一度だけ使い、漢字一字を書きなさい。

〈れい〉室内―室（外）

1 笑う―（　）く

2 流動―（　）定

3 平行―交（　）

4 集中―分（　）

5 来年―（　）年

6 病気―健（　）

こ・こう・さ・さく・さん・な

3

次の――線のカタカナに合う漢字をえらび、記号で答えなさい。

1 案内のパンフレットを印サツする。
（ア刷　イ札　ウ察　）

2 注文したら送料（そうりょう）がカ算された。
（ア加　イ貨　ウ課　）

3 神社のサン道でハトが遊ぶ。
（ア算　イ参　ウ散　）

4 元気な女の子をサンした。
（ア参　イ産　ウ算　）

5 千円の新サツで代金をしはらう。
（ア刷　イ察　ウ札　）

6 サイ園にトマトを植える。
（ア細　イ菜　ウ最　）

7 サイ後のしめくくりが大事だ。
（ア才　イ祭　ウ最　）

4 次の――線のカタカナを漢字になおして書きなさい。

1 **カイサツ**口で母と待ち合わせる。

2 日曜日の**サンポ**が楽しみだ。

3 アサガオの花を**カンサツ**する。

4 まもなく新聞が**スリ**上がる。

5 子ども会の遠足に**サンカ**する。

6 旅行先で**メイサン**の品を買う。

7 立て**フダ**に説明（せつめい）が書かれている。

8 九月はまだ**ザンショ**がきびしい。

9 学級だよりを**インサツ**する。

10 祖父（そふ）の墓（はか）にお**マイ**りする。

11 **チ**らかった部屋をそうじする。

12 **ノコ**り物には福がある

月　日

月　日

月　日

〔 〕 / 12	〈 〉 / 12	**4** （ ） / 12	**3** / 7	**2** / 6	**1** / 12

力だめし

第2回

1 次の──線の漢字の読みをひらがなで書きなさい。

1×10 ／10

1 ほほえましい光景を目にした。

2 固くとじた貝がらをあける。

3 協力して町をきれいにする。

4 全力を挙げて問題に取り組む。

5 その作家は軍医でもあった。

6 代々の家訓を子につたえる。

7 大雨のために水害が発生した。

8 この絵は以前に見たことがある。

9 校旗を持って行進する。

10 旗をふっておうえんする。

2 次の漢字の読みは、音読み（ア）ですか、訓読み（イ）ですか。記号で答えなさい。

1×10 ／10

〈れい〉 カ（ちから）（イ）

1 芸（げい）

2 鏡（かがみ）

3 仕（し）

4 漁（りょう）

5 材（ざい）

6 菜（な）

7 共（とも）

8 昨（さく）

9 極（きょく）

10 郡（ぐん）

55

3 次の——線のカタカナを〇の中の漢字と
送りがな（ひらがな）で書きなさい。

2×10 /20

〈れい〉㊣ タダシイ字を書く。（正しい　）

1 ㊻ まりが コロガッ てきた。
2 ㊎ 計画に深く カカワル。
3 ㊋ 湖面に水鳥が ムレル。
4 ㊌ スベテ の力を出し切る。
5 ㊟ コップに水を ソソグ。
6 ㊗ モットモ 高い山に登る。
7 ㊬ 古い風習を アラタメル。
8 ㊐ ヒトシイ 長さに切る。
9 ㊪ 牛乳を アタタメ て飲む。
10 ㊓ 父に カワッ て返事する。

4 次の部首のなかまの漢字で（　）にあ
てはまる漢字一字を書きなさい。

1×10 /10

〈れい〉イ（にんべん）（体）カ・エ（作）

艹（くさかんむり）
1 発（　）が
2 （　）い
3 （　）に

宀（うかんむり）
4 （　）かん　全
5 （　）しゅく　題
6 決（　）てい

灬（れんが・れっか）
7 （　）くま　手
8 弱（　）てん

頁（おおがい）
9 先（　）とう
10 大（　）がん

56

5

上の漢字と下の □ の中の漢字を組み合わせて二字の熟語を二つ作り、記号で答えなさい。

2×5

/10

〈れい〉校 ｜ ア門 イ学 ウ海 エ体 オ読

（イ）校・校（ア）

1 鏡 ｜ ア手 イ衣 ウ台 エ季 オ都

（ ）鏡・鏡（ ）

2 固 ｜ ア大 イ強 ウ人 エ定 オ元

（ ）固・固（ ）

3 案 ｜ ア課 イ帳 ウ名 エ練 オ外

（ ）案・案（ ）

4 果 ｜ ア結 イ街 ウ旅 エ物 オ表

（ ）果・果（ ）

5 投 ｜ ア官 イ遠 ウ入 エ葉 オ和

（ ）投・投（ ）

6

次の上の漢字の太い画のところは筆順の何画目か、下の漢字の総画数は何画か、算用数字（1、2、3…）で答えなさい。

1×10

/10

〈れい〉正（3） 字（6）

1 最 （ ）

2 岐 （ ）

3 害 （ ）

4 挙 （ ）

5 産 （ ）

6 岡 （ ）

7 各 （ ）

8 崎 （ ）

9 茨 （ ）

10 佐 （ ）

7 次の——線のカタカナに合う漢字をえらび、記号で答えなさい。

2×5 /10

1 円の半ケイの長さをはかる。
（ア 計　イ 径　ウ 形）（　）

2 動物がきけんをサッ知する。
（ア 察　イ 刷　ウ 札）（　）

3 兄と同じ高校を受ケンしたい。
（ア 研　イ 県　ウ 験）（　）

4 キョウ泳の大会に出場する。
（ア 競　イ 教　ウ 強）（　）

5 山の天コウはかわりやすい。
（ア 高　イ 功　ウ 候）（　）

8 次の——線のカタカナを漢字になおして書きなさい。

2×10 /20

1 だれにでもケッテンはある。（　）

2 ケンコウしんだんを受ける。（　）

3 通路が駅にチョッケツする。（　）

4 友だちの言葉が心にノコる。（　）

5 イチモクサンににげ帰った。（　）

6 水不足（ぶそく）の村にキュウスイする。（　）

7 さいた花のカオリをかぐ。（　）

8 両者の実力に大きなサはない。（　）

9 おかの上に小屋をタてる。（　）

10 スきこそ物の上手なれ（　）

58

クイズであそぼ！ 3

二字の熟語で漢字のしりとりをしよう。

→ ゴール

スタート

① 群

② 会

② 題

木

④ 交

金

母

③ 名

薬

衣

空

ここからえらぼう

議・魚・材・指・実・集
親・星・代・白・服

ヒント

①一つの場所にたくさん
　より合うこと。
②作品や話し合いの中心
　になるもの。
③まわりの人が言うよい
　うわさと本当の様子。
④入れかわること。

答えは 別冊標準解答 23 ページ

クイズであそぼ！ 4

　漢字が、部首（上の犬）と、そうでない部分（下の犬）とに分かれているよ。うまく組み合わせて、六つの漢字を完成させよう。

⑥ 門　⑤ ⺮　④ 言　③ 子　② 見　① 頁

隹　果　禾　原　关　官

⑤ [　]　③ [　]　① [　]

⑥ [　]　④ [　]　② [　]

答えは 別冊標準解答 23 ページ

鹿	辞	滋	治	児	試	司	氏	漢字
訓 か ／ 音 しか	訓 や(める)中 ／ 音 ジ	訓 ／ 音 ジ中	訓 ななおおささ おおさ(まる) するまるめる) チ ／ 音 ジ中	訓 二 ／ 音 ジ中	訓 こころ(みる) ためす) ／ 音 シ	訓 ／ 音 シ	訓 うじ中 ／ 音 シ	読み
11	13	12	8	7	13	5	4	画数
鹿	辛	氵	氵	儿	言	口	氏	部首・部首名
しか	からい	さんずい	さんずい	にんにょう	ごんべん	くち	うじ	
動物のシカ・権力者の地位のたとえ	ことば・文章・ことわる・はなれる	栄養がある・うるおす・しげる・	病気をなおす・おさめる・やっつける・	幼い子ども・若者・むすこ	やってみる・ためす・「試験」の略	役人・責任者としてお・こなう	みょうじ・いえがら	漢字の意味
鹿の群れ・鹿児島県	祝辞・会社を辞める 辞書・辞職・辞典・式辞・	滋味・滋養・滋賀県	明治・治安・治水・自治・国を治める・病気が治る	児童・愛児・育児・幼児・小児科・稚児・鹿児島県	実験を試みる・力を試す 試合・試験・試作・入試・	司会・司書・司法・司令・上司	氏神 氏族・氏名・姓氏・某氏・	用例
鹿鹿鹿鹿鹿11鹿鹿鹿鹿鹿	辞辞辞辞辞8辞10辞辞辞辞6	滋滋滋滋滋2滋5滋滋滋	治治治治治治治治治	児児児児児	試試試試2試4試7試試試	司司司司司	氏氏氏氏	筆順

61

月　日

1

次の——線の漢字の読みをひらがなで書きなさい。

1　いとこは図書館で司書をしている。

2　当時はすぐれた王が国を治めていた。

3　昔、この地方で氏族の対立があった。

4　鹿児島県はさつまいもの産地だ。

5　病気のぐあいを主治医に話す。

6　日本最大の湖は滋賀県にある。

7　母親が愛児のねがおを見つめる。

8　テレビでサッカーの試合を見る。

9　水害をふせぐために治水を行う。

10　本だなには外国語の辞書もならぶ。

11　さか上がりを何度も試みる。

12　病気が治った次の日から登校する。

**「氵(さんずい)
のつく漢字**

「海」「池」「湖」「洋」…。これら「氵(さんずい)」のつく
漢字には、水に関係のある字が多くあります。ほかにもさが
してみましょう。

〈れい〉・川で<u>泳</u>ぐ。　　・<u>温</u>かい<u>湯</u>。　　・船が<u>港</u>に着く。

　　　　・<u>深</u>いプール。　・水を<u>注</u>ぐ。　　・大きな<u>波</u>。

　　　　・<u>流</u>れが速い。　・大声で<u>泣</u>く。　・<u>漁</u>をする。

2 次の部首のなかまの漢字で（　）にあてはまる漢字一字を書きなさい。

〈れい〉イ（にんべん）
（体）カ・エ（作）

1　儿（ひとあし・にんにょう）
（　）弟・（　）気・日（　）育
きょう　　　げん　　　　こう　　　じ

2　氵（さんずい）
（　）業・（　）意・（　）安・石（　）
ぎょ　　　ちゅう　　　ち　　　ゆ

3　木（きへん）
機（　）・木（　）・千円（　）・電（　）
かい　　ざい　　　　さつ　　　ちゅう

4　言（ごんべん）
（　）録・会（　）・（　）日・（　）・（　）験
きろく　　　ぎ　　　か　　　し

3 次の──線のカタカナに合う漢字を後の□□□の中からえらび、記号で答えなさい。□□□の中の漢字は一度しか使えません。

1　ジ童が集団下校する。（　）
2　校庭をジ由に走り回る。（　）
3　国語ジ典で言葉を調べる。（　）
4　明ジ時代について学ぶ。（　）
5　ジ回の会合を楽しみにする。（　）
6　日本とアメリカではジ差がある。（　）
7　社会科見学に筆箱をジ参する。（　）
8　全国のジ社にお参りをする。（　）

ア　児　イ　持　ウ　辞　エ　時
オ　治　カ　自　キ　寺　ク　次

4 次の――線のカタカナを漢字になおして書きなさい。

1 学校を休んでかぜを**ナオ**す。

2 校長先生が**シキジ**をのべる。

3 旅行した国は**チアン**がよかった。

4 高校の**ニュウシ**問題に取り組む。

5 グループの話し合いで**シカイ**をする。

6 遠足で**シカ**にえさをやった。

7 **ジドウ**数は全国的にへっている。

8 手紙に住所と**シメイ**を記入する。

9 薬を飲むといたみが**オサ**まった。

10 おかしの新商品を**シショク**する。

11 思い切った**ココロ**みが成功する。

12 父親の会社の**ジョウシ**に会う。

月　日

月　日

月　日

| | | | | | | | | 4 | 3 | 2 | 1 |
| /12 | /12 | /12 | /8 | /4 | /12 |

	松	初	順	祝	周	種	借	失
漢字	松	初	順	祝	周	種	借	失
読み（音）	ショウ	ショ	ジュン	シュク シュウ高	シュウ	シュ	シャク	シツ
読み（訓）	まつ	はじ(め) はじ(めて) はつ うい そ(める)田	—	いわ(う)	まわ(り)	たね	か(りる)	うしな(う)
画数	8	7	12	9	8	14	10	5
部首	木	刀	頁	ネ	口	禾	イ	大
部首名	きへん	かたな	おおがい	しめすへん	くち	のぎへん	にんべん	だい
漢字の意味	（植物の）マツ	はじめての・第一の・はじまり・早いころ	したがう・次第・つごうがよい	いわう・いのる	広くゆきわたる・まわり・まわる	植物のたね・分類の区分	他人のものをかりる	なくす・しくじる・あやまち
用例	門松・松竹梅・松かざり・松林・	初級・初心・最初・初雪・初陣・書き初め・年の初め・初め	打順・順位・順調・手順・順番・筆順・順路・道順	祝言・祝賀・祝日・祝詞・祝電・祝福・入学を祝う	円周・周囲・池の周り・周期・周辺・一周・	種子・種目・種類・人種・品種・種明かし・菜種	借用・借金・貸借・本を借りる	失意・失敗・失望・失礼・流失・見失う・気を失う
筆順	松 松 松	初 初 初 初 初	順 順 順 順 順9 順12	祝 祝 祝 祝 祝	周 周 周 周	周 周 周 周9 種11	借 借 借 借 借 借7	失 失 失 失 失

65

1 次の――線の漢字の読みをひらがなで書きなさい。

1　お客様に失礼のないようにする。

2　地球は太陽の周りを一年かけて回る。

3　松かざりが取れて正月気分もぬけた。

4　姉が手品の種明かしをしてくれた。

5　急な雨にあい、かさを借用してきた。

6　年の初めの日を元日という。

7　国民の祝日は観光地の人出が多い。

8　駅の人ごみで友人を見失う。

9　作業は順調に進んでいる。

10　駅の周辺で買い物をする。

11　図書館で新しい本を借りる。

12　初心わするべからず

特別な読み方をする熟語

熟語の中には、特別な読み方をするものがあります。次の漢字が読めますか。左と右を線で結んでみましょう。

今日・　・きのう　　今朝・　・けさ
明日・　・あす　　　果物・　・けしき
昨日・　・きょう　　景色・　・くだもの

（答えは別冊標準解答18ページ）

2

次の □ に同じ漢字をあてはめるとそれぞれ二字の熟語になります。□ にあてはまる漢字一字を書きなさい。

1
筆 □・□ 番・打 □・□ 路（　）

2
野 □・□ 食・白 □・□ 園（　）

3
□ 歩・□ 級・当 □・□ 回（　）

4
人 □・□ 目・品 □・□ 子（　）

3

後の □ の中のひらがなを漢字になおして、意味が反対や対になることば（対義語）を書きなさい。

□ の中のひらがなは一度だけ使い、漢字一字を書きなさい。

〈れい〉 室内―室（外）

1 病気―（　）康

2 最後―最（　）

3 明日―（　）日

4 平等―（　）別べつ

5 曲線―（　）線

6 集まる―（　）る

けん・さ・さく・しょ・ち・ちょく

67

4 次の――線のカタカナを漢字になおして書きなさい。

月 日
月 日
月 日
月 日

1 試合に負けて自信を**ウシナ**う。

2 家族そろって新年を**イワ**った。

3 スケートを**ショホ**から習った。

4 自転車で日本を**一シュウ**する。

5 めでたい**ショウ**竹梅をかざる。

6 兄は父の車を**カ**りて旅行に行く。

7 **ジュンロ**にしたがって見学する。

8 作物の**ヒンシュ**を改良する。

9 北海道で**ハツユキ**がふった。

10 はたらいて**シャッキン**を返す。

11 うらの**マツバヤシ**で風が鳴る。

12 合格の**シュクデン**がとどく。

		4	**3**	**2**	**1**
/12	/12	/12	/6	/4	/12

68

漢字	信	臣	縄	城	照	焼	唱	笑
読み	訓 —／音 シン	訓 —／音 シン・ジン	訓 なわ／音 ジョウ中	訓 しろ／音 ジョウ	訓 てる・てらす・てれる／音 ショウ中	訓 やく・やける／音 ショウ中	訓 となえる／音 ショウ	訓 わら(う)・え(む)中／音 ショウ中
画数	9	7	15	9	13	12	11	10
部首	イ	臣	糸	土	灬	火	口	竹
部首名	にんべん	しん	いとへん	つちへん	れんが・れっか	ひへん	くちへん	たけかんむり
漢字の意味	うそのないこと・心から思いこむ・しらせ	けらい／主君につかえる者・けらい	なわ・すみなわ・ただす・法則(ほうそく)・規準(きじゅん)	しろ・ふせぎまもるための建造物(けんぞうぶつ)	明るくかがやく・てらし合わせる	もやす・やける	となえる・うたう	わらう
用例	信号(しんごう)・信心(しんじん)・信念(しんねん)・信用(しんよう)・音信(おんしん)・自信(じしん)・通信(つうしん)	臣下(しんか)・家臣(かしん)・君臣(くんしん)・大臣(だいじん)	縄文(じょうもん)・縄文門(じょうもんすぎ 杉)・沖縄県(おきなわけん)・縄を編む	城郭(じょうかく)・城門(じょうもん)・茨城県(いばらきけん)・城下町(じょうかまち)・城塞(じょうさい)・宮城県(みやぎけん)	照会(しょうかい)・照合(しょうごう)・照明(しょうめい)・参照(さんしょう)・対照(たいしょう)・日照(にっしょう)・日が照る	焼失(しょうしつ)・焼き飯(めし)・日焼け(ひや)・夕焼け(ゆうや)・塩焼き(しおや)・魚を焼く(さかな)	唱歌(しょうか)・愛唱(あいしょう)・暗唱(あんしょう)・合唱(がっしょう)・提唱(ていしょう)・輪唱(りんしょう)・九九を唱える(とな)	笑納(しょうのう)・苦笑(くしょう)・談笑(だんしょう)・笑顔(えがお)・満面の笑み(まんめん・え)・大声で笑う(おおごえ・わら)
筆順	信 信 信 信	臣 臣 臣 臣 臣 臣 臣	縄 縄2 縄10 縄12 縄14 縄6 縄	城 城 城 城 城 城 城	照 照 照 照 照13 照	焼 焼 焼 焼 焼4 焼12 焼	唱 唱 唱 唱 唱11 唱	笑 笑 笑 笑 笑

ステップ 13

月　日

1 次の――線の漢字の読みをひらがなで書きなさい。

1　大きな声で校歌を合唱する。

2　今日のテストは百点の自信がある。

3　立ち止まって夕焼け空をながめる。

4　雨が上がり、日が照ってきた。

5　女王には多くの家臣が仕えていた。

6　外国の城の写真をとる。

7　縄で荷台の荷物を固定する。

8　目をとじて願いごとを唱える。

9　通信用のアンテナを立てる。

10　仙台市は宮城県で最も人口が多い都市だ。

11　部屋の照明を明るくする。

12　来年のことを言えばおにが笑う

送りがなって？

・赤い花がさく。　・絵を見る。

　上の 赤 ・ 見 という漢字の次には、それぞれ い ・ る という「かな」がついています。このように、漢字の読み方をはっきりさせるために漢字の次につける「かな」のことを「送りがな」といいます。

70

2 次の――線のカタカナを○の中の漢字と送りがな（ひらがな）で書きなさい。

〈れい〉 正 **タダシイ**字を書く。（正しい）

1 借 外国の絵本を**カリル**。

2 試 くり返し**ココロミル**。

3 参 正月に神社に**マイル**。

4 散 部屋の中を**チラカス**。

5 焼 顔が日に**ヤケル**。

6 祝 姉の誕生日（たんじょう）を**イワウ**。

7 治 歯のいたみが**オサマル**。

8 周 池の**マワリ**を走る。

9 残 今年も**ノコリ**わずかだ。

10 失 チャンスを**ウシナウ**。

3 次の――線のカタカナを漢字になおして書きなさい。

1 これは父の愛**ショウ**歌だ。

2 台所に**ショウ**火器をそなえる。

3 写真と表とを**ショウ**合する。

4 文**ショウ**を書くのがとくいだ。

5 本当のことを**ショウ**直に話す。

6 かれは意外に**ショウ**心者だ。

7 **ショウ**店街で買い物をする。

8 数の多**ショウ**は問わない。

9 この店は**ショウ**和のころからある。

10 チームは決**ショウ**に進出した。

4 次の——線のカタカナを漢字になおして書きなさい。

1 落語を聞いて**オオワラ**いした。（　）

2 ライトで夜の道を**テ**らす。（　）

3 有名な詩を**アンショウ**する。（　）

4 全国の**シロ**を見て回る。（　）

5 **ヤ**き立てのパンのかおりがする。（　）

6 新しい**ダイジン**の話を聞いた。（　）

7 休み時間に**ナワ**とびで遊ぶ。（　）

8 おまじないを**トナ**えて安心する。（　）

9 **シンゴウ**が青になるのを待つ。（　）

10 古くから栄えた**ジョウカ**町に住む。（　）

11 冬は**ニッショウ**時間が短い。（　）

12 **ワラ**う門^{かど}には福きたる（　）

月　日　　月　日　　月　日

			4	**3**	**2**	**1**
	/12	/12	/12	/10	/10	/12

72

漢字	節	折	積	席	静	清	省	成	井
読み	訓 ふし / 音 セツ セチ高	訓 お(る) お(れる) おり / 音 セツ	訓 つ(む) つ(もる) / 音 セキ	訓 — / 音 セキ	訓 しず しず(か) しず(まる) しず(める) / 音 セイ ジョウ中	訓 きよ(い) きよ(まる) きよ(める) / 音 セイ ショウ高	訓 かえり(みる) はぶ(く) / 音 セイ ショウ中	訓 な(る) な(す) / 音 セイ ジョウ高	訓 い / 音 セイ高 ショウ中
画数	13	7	16	10	14	11	9	6	4
部首	⺮	扌	禾	巾	青	氵	目	戈	二
部首名	たけかんむり	てへん	のぎへん	はば	あお	さんずい	め	ほこづくり ほこがまえ	に
漢字の意味	ひかえめにする・ふし・気候の変わりめ・	くじける・おる・おれる・分ける・	つみかさなる・広さ・大きさ	地位 すわる所・会場・	しずか・しずまる	きれいにする すきとおってきれいだ・	かえりみる・はぶく・たずねる・役所	げる・そだつ なしとげる・つくりあ	いど・いげた・家の多いところ
用例	関節 季節 節分 節穴 節目 かんせつ きせつ ふしぶし ふしあな ふしめ 節句 節水 節約 せっく せっすい せつやく	折半 右折 屈折 左折 折れ線・紙を折る せっぱん うせつ くっせつ させつ 折々 折れる おりおり 時折 ときおり	積雪 積極的 体積 見積もる せきせつ せっきょくてき たいせき みつ 積算 積み木 面積 せきさん つ めんせき	空席 欠席 座席 即席 着席 退席 くうせき けっせき ざせき そくせき ちゃくせき たいせき	静電気 静養 気を静める せいでんき せいよう しず 冷静 静脈 安静 れいせい じょうみゃく あんせい 静止 即席 せいし	清潔 清算 清書 身を清める せいけつ せいさん せいしょ きよ 清浄 清酒 せいじょう せいしゅ 清流 清書 せいりゅう せいしょ	帰省 内省 反省 省略 文を省く・半生を省みる きせい ないせい はんせい しょうりゃく はぶ はんせい かえり	成果 成功 完成 作成・ 達成 成就 成り立ち たっせい じょうじゅ な た せいか せいこう かんせい さくせい	市井 天井 井戸 福井県 しせい てんじょう いど ふくいけん
筆順	節節節節節²節⁶	折折折折折折折折折折	積積積積積積積²積⁹積¹¹積¹⁴積¹⁶	席席席席席席席席席席	静静静静静静静静静²静⁴静⁶静⁹	清清清清清清清清清²清	省省省省省省省省省²	成成成成成成	井井井井井

1 次の――線の漢字の読みをひらがなで書きなさい。

1 手作りの犬小屋が完成した。

2 はき清められた寺の庭を歩く。

3 反省して心を入れかえる。

4 屋根に積もった雪を下ろす。

5 イワナは清流にすむ魚だ。

6 福井県に転校した友人に手紙を書く。

7 立春の前日を節分という。

8 静まり返った林のなかで鳥が鳴く。

9 昨日はかぜのため学校を欠席した。

10 時間の都合で細かい説明を省く。

11 新聞に折りこみチラシを入れる。

12 竹の節を生かして筆立てを作る。

**送りがなを
まちがえると？**

｛ 覚える（おぼえる）
　覚める（さめる）

｛ 苦い（にがい）
　苦しい（くるしい）

｛ 治める（おさめる）
　治る（なおる）

｛ 細い（ほそい）
　細かい（こまかい）

　送りがなをまちがえると、読み方も意味もかわってしまいます。正しく覚えましょう。

74

2 次の語の中で――線の漢字の読みが訓読みのものをえらび、記号で答えなさい。

1 〔ア 節電（せつでん）　イ 全治（ぜんち）　ウ 時折（ときおり）〕

2 〔ア 試写（ししゃ）　イ 節目（ふしめ）　ウ 帰省（きせい）〕

3 〔ア 司会（しかい）　イ 折角（せっかく）　ウ 井戸（いど）〕

4 〔ア 日焼け（ひや）　イ 合唱（がっしょう）　ウ 氏名（しめい）〕

5 〔ア 信号（しんごう）　イ 積雲（せきうん）　ウ 初耳（はつみみ）〕

6 〔ア 初歩（しょほ）　イ 松林（まつばやし）　ウ 列席（れっせき）〕

7 〔ア 関心（かんしん）　イ 照会（しょうかい）　ウ 菜種（なたね）〕

8 〔ア 家臣（かしん）　イ 借用（しゃくよう）　ウ 名札（なふだ）〕

3 次の各組の――線の漢字の読みをひらがなで書きなさい。

1 実験は見事に成功した。

2 今後の成り行きに注目する。

3 国民（こくみん）の祝日なので学校は休みだ。

4 友だちの誕生日（たんじょう）を祝う。

5 借金をすべて清算する。

6 清い心で毎日をすごす。

7 積雪のたよりがとどいた。

8 弟が積み木で遊んでいる。

9 見かけによらず好人物だ。

10 母は好みの洋服で外出した。

11 服をぬぐと静電気が起きた。

12 気持ちを静めてお参りする。

4 次の——線のカタカナを漢字になおして書きなさい。

1 めんどうな手間を**ハブ**く。

2 会場は**クウセキ**が目立った。

3 長方形の**メンセキ**を求める。

4 ここを**ウセツ**すると駅前に出る。

5 日照り続きで**セッスイ**を心がける。

6 日ごろの努力の**セイカ**があらわれる。

7 作文をていねいに**セイショ**する。

8 医者に**アンセイ**を命じられる。

9 台風で木のえだが**オ**れる。

10 **イド**からくんだ冷たい水を飲む。

11 **シズ**かな夜の川にホタルがとぶ。

12 ちりも**ツ**もれば山となる

漢字	巣	倉	争	然	選	戦	浅	説
読み	訓 す 音 ソウ 高	訓 くら 音 ソウ	訓 あらそ(う) 音 ソウ	訓 ― 音 ゼン ネン	訓 えら(ぶ) 音 セン	訓 たたか(う) いくさ 中 音 セン	訓 あさ(い) 音 セン 中	訓 と(く) 音 セツ ゼイ 高
画数	11	10	6	12	15	13	9	14
部首	⺍	人	亅	⺣	辶	戈	氵	言
部首名	つかんむり	ひとやね	はねぼう	れんが れっか	しんにょう	ほこづくり ほこがまえ	さんずい	ごんべん
漢字の意味	す・かくれが・かたまりになっているところ	物 穀物や品物をしまう建	相手とはりあう・あらそう	す言葉につける そのとおり・状態を表	えらび出す	たたかう・試合・おののく	あさい・色がうすい・中身が少ない	話してわからせる・考え・意見・はなし
用例	巣箱・古巣・営巣・病巣・卵巣・巣立つ・	倉に入れる・倉庫・穀倉・穀物倉庫・	紛争・相手と争う・争議・争点・競争・戦争・	未然・公然・自然・整然・当然・天然・	予選・落選・委員を選ぶ・選挙・選考・選手・当選・	戦国・反戦・勝ち戦・戦争・観戦・作戦・全力で戦う・	浅学・遠浅・日が浅い・浅黒い・浅瀬・	伝説・遊説・道を説く・説教・説明・学説・小説・
筆順	巣巣巣巣巣 巣巣巣巣巣	倉倉倉倉 倉倉倉倉	争 争 争 争	然然然然然 然然然然然	選選選選選 選選選選選	戦戦戦戦 戦戦戦戦	浅浅浅浅 浅浅浅浅	説説説説 説説説説

77

1 次の――線の漢字の読みをひらがなで書きなさい。

1　両チームは決勝進出をかけて戦った。

2　図書館で読みたい本を選ぶ。

3　体育大会でつな引き競争をする。

4　先生はわかりやすく説明してくれた。

5　遠浅の海は今日も波がおだやかだ。

6　天然ガスで走る自動車を見た。

7　父とプロ野球の試合を観戦する。

8　畑の横の倉に農具をしまう。

9　中庭の木に小鳥の巣箱をかける。

10　兄弟が大きな声で言い争っている。

11　命の大切さを説いて聞かせる。

12　自然のゆたかな土地でくらす。

漢字クイズ

1.　一、十、百、千、万より大きい位を表す漢字はなあに？
次の4まいのカードを組み合わせるとできます。

心　立　日　亻

2.　次の4まいのカードで二字の熟語（じゅくご）を作りましょう。学級会
などで話し合うことがよくあるものです。

木　言　安　義　　（答えは別冊標準解答18ページ）

78

2 次の——線のカタカナに合う漢字をえらび、記号で答えなさい。

1 一次予**セン**を通過する。
（ア 選　イ 船　ウ 線　）

2 病気のときは安**セイ**にする。
（ア 正　イ 清　ウ 静　）

3 交差点で左**セツ**する。
（ア 説　イ 折　ウ 切　）

4 夜おそく帰って**セツ**教された。
（ア 切　イ 折　ウ 説　）

5 これは完成前の**シ**作品だ。
（ア 使　イ 司　ウ 試　）

6 かれは神様を**シン**じている。
（ア 真　イ 信　ウ 臣　）

7 姉にとっては当**ゼン**の結果だ。
（ア 然　イ 全　ウ 前　）

3 次の□に同じ漢字をあてはめるとそれぞれ二字の熟語になります。□にあてはまる漢字一字を書きなさい。

1 作□・□長・形□・□立（　）

2 当□・□落・□手・□挙（　）

3 作□・□力・□反・□場（　）

4 季□・□水・□関・□分（　）

79

4 次の――線のカタカナを漢字になおして書きなさい。

1 たんてい**ショウセツ**を読む。

2 かれは学級委員に**エラ**ばれた。

3 **テンネン**のウナギを食べる。

4 関ケ原の**タタカ**いについて学ぶ。

5 荷物を体育**ソウコ**に運びこむ。

6 **アラソ**いがない平和な国だ。

7 **シゼン**の中でのびのびと遊ぶ。

8 ひな鳥もやがて**ス**ダっていく。

9 地球上から**センソウ**をなくしたい。

10 野球**センシュ**が練習にはげむ。

11 おぼうさんが仏の教えを**ト**く。

12 **アサ**い川も深くわたれ

力だめし

総得点

／100

評価

A

80点▶ B
75点▶ C
70点▶ D

60点▶ E

月　日

1　次の――線の漢字の読みをひらがなで書きなさい。

1×10
／10

1　育児についての相談会がある。

2　公共の場ではマナーを守ろう。

3　出番をまちがえて笑われた。

4　大臣にインタビューする。

5　城の守りをかためる。

6　ながめのよい席で食事をした。

7　みんなで声をそろえて合唱する。

8　山の清流で魚つりを楽しむ。

9　転んで関節をいためた。

10　まかぬ種は生えぬ

2　次の上の漢字の太い画のところは筆順の何画目か、下の漢字の総画数は何画か、算用数字（1、2、3…）で答えなさい。

1×10
／10

〈れい〉正（3）字（6）

1　氏（　）

2　成（　）

3　城（　）

4　清（　）

5　初（　）

6　軍（　）

7　臣（　）

8　察（　）

9　昨（　）

10　節（　）

3 次の漢字の読みは、音読み（ア）ですか、訓読み（イ）ですか。記号で答えなさい。

〈れい〉 力（ちから）（イ）

1×10 /10

5 借（しゃく）

4 倉（くら）

3 節（ふし）

2 氏（し）

1 試（し）

10 札（ふだ）

9 児（じ）

8 固（こ）

7 共（とも）

6 初（はつ）

4 次の――線のカタカナを○の中の漢字と送りがな（ひらがな）で書きなさい。

〈れい〉 ㊣ タダシイ字を書く。（正しい）

2×10 /20

10 ㊞ キヨラカナ水が流れる。

9 ㊟ 実験をココロミル。

8 ㊡ 勝つチャンスをウシナウ。

7 ㊠ 世の中の不正（ふせい）とタタカウ。

6 ㊢ 両チームが首位をアラソウ。

5 ㊣ シズカナ森の中を歩く。

4 ㊢ 月光が夜道をテラス。

3 ㊡ 手にとって商品をエラブ。

2 ㊟ おまじないをトナエル。

1 ㊙ 図書館で本をカリル。

5 次の部首のなかまの漢字で（ ）にあてはまる漢字一字を書きなさい。

〈れい〉 イ（にんべん）
（体）カ・エ（作）たい さく

□（くち）
1（ ）具き
2 円（ ）しゅう
3（ ）会し

氵（さんずい）
4 自（ ）会ち
5（ ）黒いあさ
6（ ）港ぎょ

禾（のぎへん）
7（ ）目しゅ
8（ ）み木つ

言（ごんべん）
9 協（ ）ぎ
10 学（ ）せつ

1×10
/10

6 上の漢字と下の［ ］の中の漢字を組み合わせて二字の熟語を二つ作り、記号で答えなさい。

〈れい〉 校
ア門 イ学 ウ海 エ体 オ読
（イ）校・校（ア）

1 戦
ア栄 イ競 ウ昨 エ作 オ争
（ ）戦・戦（ ）

2 照
ア印 イ会 ウ参 エ点 オ和
（ ）照・照（ ）

3 失
ア意 イ員 ウ合 エ問 オ流
（ ）失・失（ ）

4 順
ア係 イ速 ウ半 エ打 オ路
（ ）順・順（ ）

5 成
ア完 イ館 ウ季 エ親 オ人
（ ）成・成（ ）

2×5
/10

7 次の——線のカタカナに合う漢字をえらび、記号で答えなさい。

2×5 /10

1 代金を新**サツ**でしはらう。
（ア 察　イ 刷　ウ 札　）

2 国語ジ典を引く。
（ア 自　イ 辞　ウ 時　）

3 **シン**号が青に変わる。
（ア 信　イ 新　ウ 進　）

4 水をもとめて**イ**戸をほる。
（ア 衣　イ 位　ウ 井　）

5 ボランティアに**サン**加する。
（ア 産　イ 参　ウ 散　）

8 次の——線のカタカナを漢字になおして書きなさい。

2×10 /20

1 結婚式に**シュクデン**を送る。

2 アユの**シオヤ**きがおいしい。

3 直**ケイ**は円の中心を通る。

4 **マツ**の木が植えられる。

5 自分の行いを**ハンセイ**する。

6 木に**ナワ**をゆわえる。

7 山中で**シカ**の群れを見かけた。

8 **スバコ**で小鳥がたまごを産む。

9 つくえが**セイゼン**とならぶ。

10 千代紙でつるを**オ**る。

84

クイズであそぼ！5

クジャクの羽にある漢字に、どうたいの送りがなをつけるよ。あてはまらない漢字を一つ見つけよう。

① □

帰 整 栄 植 唱 終 加 える

② □

計 上 残 用 治 回 下 る

③ □

深 清 浅 短 幸 親 寒 い

答えは 別冊標準解答 23 ページ

クイズであそぼ！6

ハチの巣の真ん中に漢字を入れると、六つの熟語が作れるよ。真ん中に入る漢字を考えよう。

① 夜　風　気　光　品　色

② 音　通　自　用　返　号

③ 季　調　度　時　分　目

答えは 別冊標準解答 23 ページ

漢字	達	隊	帯	孫	卒	続	側	束
読み	音 タツ／訓 —	音 タイ／訓 —	音 タイ／訓 お(びる) おび	音 ソン／訓 まご	音 ソツ／訓 —	音 ゾク／訓 つづ(く) つづ(ける)	音 ソク／訓 がわ	音 ソク／訓 たば
画数	12	12	10	10	8	13	11	7
部首	辶	阝	巾	子	十	糸	イ	木
部首名	しんにょう・しんにゅう	こざとへん	はば	こへん	じゅう	いとへん	にんべん	き
漢字の意味	思うとおりになる・すぐれている・とどく	ぐんたい・まとまりをもった人々の集まり	おび・身につける・つながりをもつ・ふくむ	まご・血すじを受けついだ者	下級の軍人・にわかに・おえる	つづく・つづける	そば・わき・かたがわ	ひとまとめにする・自由でなくする
用例	調達・伝達・配達・発達・達者・達成・上達・速達・	隊員・隊列・音楽隊・軍隊・登山隊・兵隊	一帯・温帯・携帯・熱帯・包帯・連帯・青みを帯びる	子孫・孫をかわいがる	卒園・卒業・兵卒	続行・続出・持続・接続・存続・断続・道が続く	側転・側面・内側・裏側・片側・右側・両側・	束縛・二束三文・約束・札束・花束・紙を束ねる
筆順	達	隊	帯	孫	卒	続	側	束

ステップ 16

月　日

1 次の——線の漢字の読みをひらがなで書きなさい。

1　親友との約束を守る。

2　行進中に隊列をみだしてはいけない。

3　集中力を持続させるコツをつかむ。

4　孫が生まれて家の中がにぎやかだ。

5　兄は新聞を配達する仕事をしている。

6　道の両側に商店がならんでいる。

7　父が弟の卒園式の写真をとる。

8　たくさんの札束を数える。

9　西日本一帯は今日も真夏の暑さだ。

10　細長い道がどこまでも続く。

11　和紙作りを子孫の代までつたえたい。

12　デパートで着物と帯を買う。

**「はなぢ」？
「はなじ」？**

「ぢ」や「づ」は、次のように使いましょう。

① 言葉が合わさって「ち」や「つ」がにごったとき。

　　＜れい＞はな**ぢ**＝鼻＋血（ち）

　　　　　　勉強**づ**くえ＝勉強＋つくえ

② 同じ発音がつづいて「ち」や「つ」がにごったとき。

　　＜れい＞ち**ぢ**む・つ**づ**く・つ**づ**み

88

2 次の——線のカタカナを漢字になおして書きなさい。

1 九九を暗**ショウ**する。（　　）

2 部屋の**ショウ**明を明るくする。（　　）

3 水泳の**セン**手になりたい。（　　）

4 レースで**セン**頭に立つ。（　　）

5 練習の**セイ**果があらわれる。（　　）

6 下校前に一日の反**セイ**をする。（　　）

7 茶の生**サン**地を見学する。（　　）

8 遠足に弁当（べんとう）を持**サン**する。（　　）

9 温**タイ**では四季の区別（くべつ）がある。（　　）

10 レスキュー**タイ**員になりたい。（　　）

3 次の熟語（じゅくご）と意味が反対や対（つい）になることば（対義語（たいぎ））を □ からえらび、漢字になおしなさい。

1 平和―（　　）

2 泣く―（　　う）

3 入学―（　　）

4 起立―（　　）

5 人工―（　　）

6 中止―（　　）

7 深い―（　　い）

8 最後―（　　）

あさ・さいしょ・しぜん・せんそう・そつぎょう・ぞっこう・ちゃくせき・わら

4 次の――線のカタカナを漢字になおして書きなさい。

1 町の北部**イッタイ**が雪におおわれた。

2 **ソツギョウ**生が式場に入る。

3 音楽**タイ**を先頭に行進する。

4 物事を**ソクメン**から考える。

5 科学の**ハッタツ**はめざましい。

6 玉つき事故が**ゾクシュツ**した。

7 長いかみの毛を一つに**タバ**ねる。

8 ろう下は**ミギガワ**を歩こう。

9 おじいさんが**マゴ**と遊んでいる。

10 朝から本を読み**ツヅ**ける。

11 赤みを**オ**びた岩が多くある。

12 誕生日に**ハナタバ**をおくった。

月 日
月 日
月 日

90

漢字	底	低	兆	沖	仲	置	単
読み	訓 そこ / 音 テイ	訓 ひく(い) ひく(める) ひく(まる) / 音 テイ	訓 きざ(し) きざ(す)高 / 音 チョウ高	訓 おき / 音 チュウ高	訓 なか / 音 チュウ中	訓 お(く) / 音 チ	訓 — / 音 タン
画数・部首	8	7	6	7	6	13	9
部首	广	イ	儿	氵	イ	罒	䒑
部首名	まだれ	にんべん	にんにょう	さんずい	にんべん	あみがしら あみめ よこめ	つかんむり
漢字の意味	そこ・もとになるもの	高さがひくい・程度がひくい	物事の起こる前ぶれ・数多い・一億の一万倍	おき・深いところ・高くあがる	まんなか・人と人のあいだ	すえる・おく・とりはからう	ただ一つ・ひとまとまり・入りくんでいない
用例	底力（そこぢから）・底冷え（そこびえ）・船底（ふなぞこ） 底辺（ていへん）・海底（かいてい）・根底（こんてい）・地底（ちてい）・ 底力（そこぢから）・	高低（こうてい）・最低（さいてい）・低い土地（ひくいとち） 低音（ていおん）・低温（ていおん）・低下（ていか）・低空（ていくう）・	兆候（ちょうこう）・一兆（いっちょう）・前兆（ぜんちょう）・ 春の兆し（はるのきざし）	沖縄県（おきなわけん）・沖（おき）に出る	仲介（ちゅうかい）・仲裁（ちゅうさい）・伯仲（はくちゅう）・仲間（なかま）・ 仲良し（なかよし）・不仲（ふなか）	配置（はいち）・放置（ほうち）・置物（おきもの） 安置（あんち）・位置（いち）・処置（しょち）・設置（せっち）・	単線（たんせん）・単調（たんちょう）・単発（たんぱつ）・簡単（かんたん） 単位（たんい）・単元（たんげん）・単語（たんご）・単身（たんしん）・
筆順	底 底 底 底 底	低 低 低 低 低	兆 兆 兆 兆 兆	沖 沖 沖 沖 沖 沖	仲 仲 仲 仲 仲	置 置 置9 置 置11 置 置4 置	単 単 単 単 単 単 単

91

1 次の——線の漢字の読みをひらがなで書きなさい。

1　沖縄県の海の美しさに感動する。

2　メートルは長さを表す単位である。

3　橋や海底トンネルで列島をつなぐ。

4　船で沖に出て漁をする。

5　一兆は一億の一万倍だ。

6　自転車のサドルを低くする。

7　けんかをした友だちと仲直りをする。

8　びんの底をていねいにあらう。

9　犬の置物を部屋にかざる。

10　ツバメが低空をとんでいく。

11　多くの人と仲良しになりたい。

12　駅前には放置された自転車が多い。

「反対語」と
「対応語」

「対義語」は「反対語」と「対応語」に分けられます。

・反対語…おたがいに反対の意味を持つ言葉。
　　＜れい＞高い↔低い　　開ける↔しめる

・対応語…二つの言葉を合わせると一組になる言葉。
　　＜れい＞兄－弟　　大人－子ども　　陸上－海上

2 れいのように、漢字の部首名を後の　　からえらび、記号で答えなさい。

〈れい〉 [辶] 返 （ケ）

1 [广] 底 （　）
2 [亻] 側 （　）
3 [氵] 沖 （　）
4 [言] 説 （　）

5 [攵] 改 （　）
6 [灬] 照 （　）
7 [禾] 種 （　）
8 [阝] 隊 （　）

ア ごんべん　イ こざとへん　ウ にんべん
エ れんが・れっか　オ さんずい
カ まだれ　キ のぎへん
ク のぶん・ぼくづくり
ケ しんにょう・しんにゅう

3 上の漢字と下の〔　〕の中の漢字を組み合わせて二字の熟語を三つ作りなさい。答えは二字とも書きなさい。

1 達〔運・上・成・速・福〕（　）（　）（　）

2 単〔歌・語・身・然・調〕（　）（　）（　）

3 底〔根・食・力・船・電〕（　）（　）（　）

4 置〔安・位・助・乗・配〕（　）（　）（　）

5 低〔温・学・期・高・地〕（　）（　）（　）

4 次の——線のカタカナを漢字になおして書きなさい。

1 **オキ**に向かって海を泳ぐ。

2 **ソコ**のあついサンダルをはく。

3 かみなりが鳴る**ゼンチョウ**だ。

4 荷物を下に**オ**いて電車を待つ。

5 今日の**サイテイ**気温は五度だ。

6 **タンゲン**ごとに小テストがある。

7 ぼくたちは山登りの**ナカマ**だ。

8 **チテイ**からよう岩がふき出す。

9 **ヒク**いしせいで走り出す。

10 スタートの**イチ**に着く。

11 この鉄道は**タンセン**運転だ。

12 **一チョウ**円の予算が組まれた。

月　日

月　日

月　日

月　日

94

漢字	特	働	灯	努	徒	伝	典	的
読み	音 トク 訓 —	音 ドウ 訓 はたら(く)	音 トウ 訓 ひ[高]	音 ド 訓 つと(める)	音 ト 訓 —	音 デン 訓 つた(わる)／つた(える)／つた(う)	音 テン 訓 —	音 テキ 訓 まと
画数	10	13	6	7	10	6	8	8
部首	牛	イ	火	力	イ	イ	ハ	白
部首名	うしへん	にんべん	ひへん	ちから	ぎょうにんべん	にんべん	は	しろ
漢字の意味	ふつうとちがう・とびぬけている	はたらく	あかり・ともしび	精を出す・はげむ	歩いていく・むだな・でし・なかま	つたえる・言いつたえ	書物・手本・よりどころとなるもの	めあて・まと・たしか・…のような
用例	特別・特有・特急・独特・特産・特集・特色・特大	実働・労働・共働き・会社で働く	点灯・電灯・灯火・灯台・灯油・街灯	努力・早起きに努める	徒競走・徒歩・徒労・信徒・生徒・門徒	伝記・伝説・伝票・宣伝・熱が伝わる・思いを伝える	祭典・典型・辞典・原典・古典・式典・典拠	的中・積極的・標的・目的・友好的・的をねらう
筆順	特 特 特 特 特	働 働 働 働 働	灯 灯 灯 灯 灯	努 努 努 努 努	徒 徒 徒 徒 徒	伝 伝 伝 伝 伝	典 典 典 典 典	的 的 的 的 的

1 次の――線の漢字の読みをひらがなで書きなさい。

1 矢は見事に的の中心に当たった。

2 この地方の伝説を話してもらう。

3 努力したので点数が上がった。

4 父は朝早くから市場で働く。

5 家の近くに街灯が取りつけられる。

6 漢字は中国から日本へ伝わった。

7 家から駅まで徒歩で五分かかる。

8 特大サイズのケーキを食べる。

9 国語辞典で言葉の意味を調べる。

10 たくさんの本を読むように努める。

11 予想がずばりと的中した。

12 灯台もと暗し

「対義語」クイズ

1. 次の言葉の「反対語」を考えてみましょう。
   ・すわる↔（　　　　　） ・ねる↔（　　　　　）
   ・左折↔（　　　　　） ・黒星↔（　　　　　）
2. 次の言葉の「対応語」を考えてみましょう。
   ・草食－（　　　　　） ・全体－（　　　　　）

（答えは別冊標準解答18ページ）

2 次の漢字の読みは、音読み（ア）ですか、訓読み（イ）ですか。記号で答えなさい。

〈れい〉 力（ちから）（イ）

1 束（たば）〰〰

2 帯（おび）〰〰

3 置（ち）〰〰

4 倉（くら）〰〰

5 位（くらい）〰〰

6 側（そく）〰〰

7 折（おり）〰〰

8 的（まと）〰〰

9 特（とく）〰〰

10 努（と）〰〰

3 次の熟語と意味が反対や対になることば（対義語）を □ からえらび、漢字になおしなさい。

1 先生 —〰〰

2 向上 —〰〰

3 出席 —〰〰

4 人工 —〰〰

5 高温 —〰〰

6 海面 —〰〰

7 失敗（しっぱい）—〰〰

8 最高 —〰〰

9 入学 —〰〰

10 起立 —〰〰

かいてい・けっせき・さいてい・せいこう・せいと・そつぎょう・ちゃくせき・ていおん・ていか・てんねん

ステップ 18

4 次の——線のカタカナを漢字になおして書きなさい。

月 日　月 日　月 日　月 日

1 有名な発明家の**デンキ**を読む。

2 番組でスポーツを**トクシュウ**する。

3 開校を祝う**シキテン**に出席する。

4 ストーブに使う**トウユ**を買う。

5 日本の様子を手紙で**ツタ**える。

6 いよいよ注目の**ト**競走が始まる。

7 サービスの向上に**ツト**める。

8 **ハタラ**きがいのある仕事につく。

9 それは**マトハズ**れな意見だ。

10 **デントウ**の光に虫があつまる。

11 **モクテキ**地に向かって進む。

12 **ドリョク**にまさる天才なし

			4	3	2	1
/12	/12	/12	/10	/10	/12

98

項目	徳	栃	奈	梨	熱	念	敗	梅
漢字	徳	栃	奈	梨	熱	念	敗	梅
読み（音）	トク	—	ナ	—	ネツ	ネン	ハイ	バイ
読み（訓）	—	とち	なし	なし	あつ（い）	—	やぶ（れる）	うめ
画数	14	9	8	11	15	8	11	10
部首	彳	木	大	木	灬	心	攵	木
部首名	ぎょうにんべん	きへん	だい	き	れんが・れっか	こころ	のぶん・ぼくづくり	きへん
漢字の意味	心や行いがりっぱである・めぐみ・ためになる	トチノキ科のトチ	いかん・いかんせん・なんぞ	果物のナシ・ナシの木	あつい・体温が高いこと・物事にうちこむ	おもい・考え・気をつける・となえる	こわれる・負ける・しくじる・だめになる	（植物の）ウメ・つゆ
用例	徳育・徳用・悪徳・功徳・道徳・美徳・徳島県	栃の実・栃木県	奈落・奈良県・神奈川県	梨のつぶて・山梨県	熱心・熱帯・熱中・熱湯・加熱・高熱・情熱・熱い湯	念願・記念・専念・疑念・残念・信念・断念・入念	敗戦・敗北・完敗・失敗・勝敗・大敗・試合に敗れる	寒梅・紅梅・松竹梅・梅酒・梅ぼし・梅雨
筆順	徳	栃	奈	梨	熱	念	敗	梅

99

1 次の——線の漢字の読みをひらがなで書きなさい。

1 夏休みに徳島県に遊びに行く。

2 奈良県の寺院をたずねる。

3 山梨県から富士山をながめる。

4 温泉旅行で栃木県に行く。

5 水中で美しい熱帯魚が泳ぐ。

6 旅行が中止になって残念だ。

7 今日の試合は完敗だった。

8 梅雨前線が北上する。

9 梅は六月ごろに青い実をつける。

10 神奈川県から東京の会社に通う。

11 入念に準備運動をしてから泳ぐ。

12 鉄は熱いうちに打て

「不・無・未」の
ついた反対語

反対語には「不・無・未」を用いたものが多くあります。
＜れい＞安心↔不安　　有名↔無名　　決定↔未定
　熟語の上に「不・無・未」をつけると反対語になるものも
あります。
＜れい＞自然↔不自然　計画↔無計画　成年↔未成年

100

2 次の——線のカタカナを漢字と送りがな（ひらがな）で書きなさい。

1 ひそひそと**ヒクイ**声で話す。
2 **キヨラカナ**水がわきでる。
3 山小屋へ**ツヅク**道を登る。
4 赤ちゃんがにっこり**ワラウ**。
5 姉は都会で**ハタラク**。
6 この地方に**ツタワル**昔話だ。
7 外を歩いていて日に**ヤケル**。
8 水泳選手が一位を**アラソウ**。
9 むだな手間を**ハブク**。
10 ねんぶつを**トナエル**。
11 転んで手のほねが**オレル**。
12 古い新聞紙を**タバネル**。

3 れいのように、漢字の部首名を後の　　からえらび、記号で答えなさい。

〈れい〉 ［辶］ 返 （ケ）

1 ［彳］ 徒 （　）
2 ［心］ 念 （　）
3 ［灬］ 熱 （　）
4 ［攵］ 敗 （　）
5 ［木］ 梅 （　）
6 ［力］ 努 （　）
7 ［牛］ 特 （　）
8 ［囗］ 固 （　）

ア のぶん・ぼくづくり　イ くにがまえ
ウ きへん　エ れんが・れっか　オ こころ
カ ぎょうにんべん　キ うしへん
ク ちから　ケ しんにょう・しんにゅう

101

4 次の――線のカタカナを漢字になおして書きなさい。

月 日　月 日　月 日　月 日

1 社会**ドウトク**を身につける。（　）

2 入学式で**キネン**写真をとる。（　）

3 弁当に**ウメ**ぼしを入れる。（　）

4 **ナラク**の底に落ちる。（　）

5 かれは読書に**ネッチュウ**している。（　）

6 庭に**トチ**の木を植える。（　）

7 松竹**バイ**のかざりをつける。（　）

8 父は**ネンガン**の畑を手に入れた。（　）

9 食後にみずみずしい**ナシ**を食べる。（　）

10 ライバルとの戦いに**ヤブ**れる。（　）

11 同じ**シッパイ**をくり返さない。（　）

12 母の愛にむねが**アツ**くなる。（　）

1	/12	**4** ( )	/12
2	/12	＜＞	/12
3	/8	[ ]	/12

項目	博	阪	飯	飛	必	票	標	不
読み	音 ハク バク[高] / 訓 —	音 ハン[中] / 訓 —	音 ハン / 訓 めし	音 ヒ / 訓 と(ぶ) と(ばす)	音 ヒツ / 訓 かなら(ず)	音 ヒョウ / 訓 —	音 ヒョウ / 訓 —	音 フ ブ / 訓 —
画数	12	7	12	9	5	11	15	4
部首	十	阝	食	飛	心	示	木	一
部首名	じゅう	こざとへん	しょくへん	とぶ	こころ	しめす	きへん	いち
漢字の意味	ひろく知る・大きくひろい・ばくち	さか・傾斜している道・大阪のこと	ごはん・めし	とぶ・とびあがる・はやい	かならず・しなければならない	ふだ・書きこみのできる小さな用紙	しるし・めあて・はっきりとしめす	…でない・…しない
用例	博愛・博学・博識・博物館・博覧・博徒	大阪府	飯台・赤飯・夕飯・にぎり飯・焼き飯	飛行機・飛散・飛来・飛び交う・鳥が飛ぶ	必見・必死・必至・必勝・必然・必要・必ず読む	票決・開票・伝票・投票・得票・白票	標記・標語・標高・標準・標的・標本・道標・目標	不意・不思議・不順・不足・不通・不便・不漁・不気味
筆順	博博博博博博博	阪阪阪阪阪	飯飯飯飯飯飯飯	飛飛飛飛飛飛	必必必必必	票票票票票	標標標標標標	不不不不

103

1 次の——線の漢字の読みをひらがなで書きなさい。

1　博物館の見学を楽しみにしている。

2　試合の前に神社で必勝をいのる。

3　人通りの少ない夜道は不気味だ。

4　大雨で道路が不通になる。

5　お祝いに母が赤飯をたいてくれた。

6　大阪城の絵はがきを送る。

7　めずらしいチョウの標本がならぶ。

8　外出前には必ず火の元をたしかめる。

9　今年もわたり鳥が飛来した。

10　たくさんの伝票をファイルにまとめる。

11　山の上でにぎり飯をほおばる。

12　飛んで火に入る夏の虫

筆順について①

　筆順は、字全体が正しく、整った形に自然に書けるように、長い間にできあがったものです。次に主なきまりをあげます。

①上から下へ書いていく。　立→`丶 亠 立 立 立`

②左から右へ書いていく。　川→`丿 刂 川`

③横画を先に書く。　十→`一 十`

<れい外>縦画を先に書く字…田・由など　（筆順について②に続きます。）

2 上の漢字と下の〔　　〕の中の漢字を組み合わせて二字の熟語を三つ作りなさい。答えは二字とも書きなさい。

1 標〔感・高・的・道・負〕
　⌣　　⌣　　⌣

2 不〔広・順・昨・漁・足〕
　⌣　　⌣　　⌣

3 票〔開・決・康・糸・白〕
　⌣　　⌣　　⌣

4 念〔果・完・記・残・信〕
　⌣　　⌣　　⌣

5 熱〔加・求・湯・高・単〕
　⌣　　⌣　　⌣

3 次の上の漢字の太い画のところは筆順の何画目か、下の漢字の総画数は何画か、算用数字（1、2、3…）で答えなさい。

〈れい〉 正（3）｜字（6）

1 博
　⌣　　⌣

2 康
　⌣　　⌣

3 帯
　⌣　　⌣

4 飯
　⌣　　⌣

5 差
　⌣　　⌣

6 兆
　⌣　　⌣

7 飛
　⌣　　⌣

8 熱
　⌣　　⌣

9 節
　⌣　　⌣

10 浅
　⌣　　⌣

4 次の——線のカタカナを漢字になおして書きなさい。

1 努力して**モクヒョウ**を達成する。

2 弁当は**カナラ**ず持っていく。

3 **ヒコウ**機を使って帰省する。

4 **フシギ**なゆめを見て目が覚めた。

5 焼き**メシ**はぼくの好物だ。

6 兄は**ハクガク**で話がおもしろい。

7 交通安全の**ヒョウゴ**を作る。

8 ゴールを目指して**ヒッシ**に走る。

9 シャボン玉を空へ**ト**ばす。

10 明日は選挙の**トウヒョウ**日だ。

11 米が**フソク**する。

12 **ユウハン**のおかずに魚を焼く。

月　日

月　日

月　日

				4		**3**	**2**	**1**
/12	/12	/12		/10	/5	/12

力だめし

第4回

総得点

／100

評価

A

80点 ▶ B
75点 ▶ C
70点 ▶ D

60点 ▶ E

月　日

1 次の——線の漢字の読みをひらがなで書きなさい。

1×10
／10

1 単発の花火が打ちあがった。

2 教育を通じて道徳心をやしなう。

3 木のくいに縄をゆわえつける。

4 漢和辞典で読み方を調べる。

5 仕事場での働きがみとめられる。

6 新聞を束ねて家の外に運ぶ。

7 奈落からはいあがる。

8 なだれの兆候が見られる。

9 栃の木に実がなっている。

10 苦は楽の種

2 次の上の漢字の太い画のところは筆順の何画目か、下の漢字の総画数は何画か、算用数字（1、2、3…）で答えなさい。

1×10
／10

〈れい〉正（3）字（6）

1 単

2 兆

3 隊

4 焼

5 争

6 梅

7 典

8 祝

9 徳

10 働

3

次の漢字の読みは、音読み（ア）ですか、訓読み（イ）ですか。記号で答えなさい。

〈れい〉 力（イ）

1×10
/10

5 隊（たい）	4 梅（ばい）	3 巣（す）	2 博（はく）	1 側（がわ）
⌒	⌒	⌒	⌒	⌒
⌣	⌣	⌣	⌣	⌣

10 孫（まご）	9 管（かん）	8 芽（め）	7 飯（はん）	6 関（せき）
⌒	⌒	⌒	⌒	⌒
⌣	⌣	⌣	⌣	⌣

4

次の——線のカタカナを○の中の漢字と送りがな（ひらがな）で書きなさい。

〈れい〉 正 タダシイ字を書く。（正しい）

2×10
/20

10 結 おみくじを木にムスブ。

9 固 土台をカタメル。

8 必 カナラズもどってくる。

7 戦 力のかぎりタタカウ。

6 働 祝日もハタライている。

5 努 体力の向上にツトメル。

4 選 足に合うくつをエラブ。

3 照 月が湖面をテラス。

2 浅 アサイ川をわたる。

1 伝 父の言葉をツタエル。

108

5

上の漢字と下の □ の中の漢字を組み合わせて二字の熟語を二つ作り、記号で答えなさい。

〈れい〉校 ｜ ア門 イ学 ウ海 エ体 オ読

（イ）校・校（ア）

1 灯 ｜ ア内 イ台 ウ消 エ切 オ時

（　）灯・灯（　）

2 信 ｜ ア主 イ自 ウ札 エ念 オ戸

（　）信・信（　）

3 産 ｜ ア業 イ改 ウ欠 エ特 オ倉

（　）産・産（　）

4 底 ｜ ア力 イ洋 ウ返 エ信 オ海

（　）底・底（　）

5 隊 ｜ ア号 イ巣 ウ長 エ以 オ軍

（　）隊・隊（　）

2×5

/10

6

後の □ の中のひらがなを漢字になおして、意味が反対や対になることば（対義語）を書きなさい。□ の中のひらがなは一度だけ使い、漢字一字を書きなさい。

〈れい〉室内―室（外）

1 高地―（　）地

2 成功―失（　）

3 集まる―（　）る

4 平行―（　）差

5 起立―着（　）

6 人工―天（　）

7 最終―最（　）

8 中止―（　）行

9 先生―生（　）

10 入学―（　）業

こう・しょ・せき・そつ・ぞっ・ち・てい・と・ねん・ぱい

1×10

/10

7 次の――線のカタカナに合う漢字をえら
び、記号で答えなさい。

2×5
/10

1 このあたり一**タイ**に雨がふった。
（ア 対　イ 体　ウ 帯）（　）

2 電**トウ**のスイッチをつける。
（ア 頭　イ 灯　ウ 登）（　）

3 委員長は投**ヒョウ**で決める。
（ア 票　イ 表　ウ 氷）（　）

4 隊列を組んで鳥が**ヒ**来する。
（ア 皮　イ 悲　ウ 飛）（　）

5 姉と平泳ぎで競**ソウ**する。
（ア 想　イ 争　ウ 倉）（　）

8 次の――線のカタカナを漢字になおして
書きなさい。

2×10
/20

1 妹が**フシギ**そうに手品を見ている。（　）

2 貝がらの**ヒョウホン**を作る。（　）

3 ぼうけんの**ナカマ**を集める。（　）

4 薬のききめが**ジゾク**する。（　）

5 **オキ**の方から波がおしよせる。（　）

6 料理のうでが**ジョウタツ**する。（　）

7 歩いて**モクテキ**地に向かう。（　）

8 台にほとけ様を**アンチ**する。（　）

9 **アツ**いスープをゆっくり飲む。（　）

10 大好物の**ナシ**がデザートに出た。（　）

クイズであそぼ！ 7

絵のタケノコの中に、「竹」の字と組み合わせて漢字になるものが五つあるよ。できた漢字を左の竹の中に書こう。

答えは 別冊標準解答 23 ページ

クイズであそぼ！ 8

　タコの頭の上にのっているバケツの漢字は、タコが持っているバケツの漢字と組み合わせて熟語を作ることができるよ。頭の上のバケツの漢字の見えない部分を書いて、漢字を完成させよう。

答えは 別冊標準解答 23 ページ

辺	別	兵	副	富	阜	府	付	夫	漢字
音 ヘン / 訓 あた(り)・べ	音 ベツ / 訓 わか(れる)	音 ヘイ・ヒョウ / 訓 —	音 フク / 訓 —	音 フウ高・フ / 訓 と(む)・とみ	音 フ / 訓 —	音 フ / 訓 —	音 フ / 訓 つ(ける)・つ(く)	音 フウ中 / 訓 おっと	読み
5	7	7	11	12	8	8	5	4	画数
辶 しんにょう しんにゅう	刂 りっとう	ハ は	刂 りっとう	宀 うかんむり	阜 おか	广 まだれ	イ にんべん	大 だい	部首・部首名
あたり・はて その場所の近く・	ほかの わかれる・わける・	武器・いくさ・戦争 軍人・へいたい・	ひかえ そえてたすけとする・	財産を多くもつ・ じゅうぶん・多い ゆたか・盛んである	おか	役所・みやこ・ 行政区画の一つ	あたえる・たのむ くっつける・	おっと・一人前の男・ 労働にたずさわる男	漢字の意味
辺り一面・海辺・岸辺 辺境・近辺・四辺・周辺・	別件・区別・分別・差別・送別・友達と別れる 特別・	水兵・歩兵・兵糧・雑兵 兵器・兵士・兵隊・出兵・	副会長・副業・副本 副食・副作用・ 変化に富む・富をなす 富強・富裕・豊富・富貴・	岐阜県	学府・政府・都道府県・幕府	付近・付着・付録・給付・受付・名札を付ける 配付・	夫妻・夫人・丈夫・夫婦・工夫・妻と夫	用例
辺辺辺辺辺	別別別別別	兵兵兵兵兵	副副副副副	富富富富富	阜阜阜阜阜	府府府府府	付付付付付	夫夫夫夫	筆順

1 次の――線の漢字の読みをひらがなで書きなさい。

1 姉は児童会の副会長をしている。

2 この辺りの農家は主に野菜を作る。

3 キュリー夫人の伝記を読む。

4 岸辺にスミレがさいている。

5 家庭から出るごみを正しく分別する。

6 受付で自分の名前を記入する。

7 兵器をなくすために話し合う。

8 大学の周辺には多くの書店がある。

9 わたしは京都府に住んでいる。

10 岐阜県の観光名所をたずねる。

11 栄養に富んだ食物をとる。

12 会うは別れの始め

筆順について②

④中の画を先に書く。　水→ ｊ 才 水 水

　<れい外>中の画を後に書く字…火・「りっしんべん」の字（情など）

⑤外側の囲み（かこ）を先に書く。　国→ ｜ 冂 国 国

　<れい外>外側の囲みを後に書く字…区・臣など

⑥左はらいを先に書く。　文→ 亠 ナ文

⑦つらぬく縦画（たてかく）は最後に書く。　中→ ｜ 冂 口 中

2 れいのように、漢字の部首名を後の　　から選び、記号で答えなさい。

〈れい〉［言］語（ケ）

1 ［刂］副（　）
2 ［广］府（　）
3 ［宀］富（　）
4 ［辶］辺（　）

5 ［木］標（　）
6 ［牜］特（　）
7 ［亻］側（　）
8 ［竹］笑（　）

ア うかんむり　イ うしへん　ウ にんべん
エ たけかんむり　オ りっとう　カ まだれ
キ きへん　ク しんにょう・しんにゅう
ケ ごんべん

3 次の漢字の読みは、音読み（ア）ですか、訓読み（イ）ですか。記号で答えなさい。

〈れい〉力（ちから）（イ）

1 別（べつ）（　）
2 兵（へい）（　）
3 飯（めし）（　）
4 票（ひょう）（　）
5 梅（うめ）（　）

6 副（ふく）（　）
7 夫（おっと）（　）
8 飛（ひ）（　）
9 博（はく）（　）
10 的（まと）（　）

4 次の――線のカタカナを漢字になおして書きなさい。

1 魚や貝が豊フ（ほう）にとれる。

2 オットは外国へ旅行中です。

3 旅先で早朝のウミベを父と歩く。

4 駅のフキンはいつもにぎやかだ。

5 トクベツなあつかいを受ける。

6 選手が都道フケンごとに入場する。

7 「かもめのスイヘイさん」を歌う。

8 アタりに人かげは見あたらない。

9 トミと名声を手に入れる。

10 薬のフク作用の話を聞く。

11 このキンペン（きんぺん）は家が少ない。

12 早起きの習慣（しゅうかん）が身にツく。

月 日

月 日

月 日

月 日

4 ／12 ／12 ／12

3 ／10

2 ／8

1 ／12

116

漢字	満	末	牧	望	法	包	便	変
読み	音 マン 訓 み(ちる) み(たす)	音 バツ高 訓 すえ	音 ボク 訓 まき中	音 モウ中 訓 のぞ(む)	音 ホウ ハッ高 ホッ高 訓 ―	音 ホウ 訓 つつ(む)	音 ビン ベン 訓 たよ(り)	音 ヘン 訓 か(わる) か(える)
画数・部首	12 氵	5 木	8 牛	11 月	8 氵	5 勹	9 イ	9 夂
部首名	さんずい	き	うしへん	つき	さんずい	つつみがまえ	にんべん	ふゆがしら
漢字の意味	全体におよぶ・いっぱいになる・みちる・こまかい	はし・最後・あとのほう・	家畜を飼う・教えみちびく	遠くをながめる・ねがう・人気	やり方・仏の教え・おきて・きまり・礼儀・	つつむ	つごうがよい・手紙・たより・ふんや尿	かわる・ふつうでない・突然のできごと
用例	充満・未満・水を満たす・満員・満開・満足・満天・満回・満末	末代・粉末・文末・末末・結末・始末・週末・末子・末っ子	牧師・牧場・牧草・牧歌・放牧・牧牧・遊牧	望遠鏡・希望・失望・要望・本望・平和を望む	法事・法律・作法・手法・方法・法度	包囲・包帯・包丁・包容・内包・包み紙	便利・簡便・不便・便乗・郵便・花の便り	変化・変形・変動・異変・急変・大変・日が変わる
筆順	満満満満満満満満満	末末末末末	牧牧牧牧牧	望望望望望望望望	法法法法法法	包包包包包	便便便便便便便	変変変変変変変

1 次の――線の漢字の読みをひらがなで書きなさい。

1 心から望めば願いはかなうはずだ。

2 冬山は気温の変化がはげしい。

3 満天の星空を見上げる。

4 別便で大きな荷物がとどいた。

5 けがをした足に包帯をまく。

6 牛がおいしそうに牧草を食べている。

7 母からお茶の作法を習う。

8 ホテルの部屋から海を一望する。

9 相手の顔色が急に変わった。

10 わたしは三人兄弟の末っ子だ。

11 バケツにいっぱい水を満たす。

12 便りのないのはよい便り

漢字のいろいろな読み方

次のものは、いろいろな読み方がある漢字です。読みくらべてみましょう。

・重…**重**大・**重**用・一**重**
　　　じゅうだい　ちょうよう　ひとえ

・人…**人**口・**人**間・**人**波
　　　じんこう　にんげん　ひとなみ

・小…**小**学校・**小**雪・**小**川
　　　しょうがっこう　こゆき　おがわ

・大…**大**学・**大**会・**大**雨
　　　だいがく　たいかい　おおあめ

118

ステップ 22

2 次の――線のカタカナを漢字になおして書きなさい。

1 古い新聞が**ヘン**色している。
2 正方形は四**ヘン**の長さが同じだ。
3 社長**フ**人の役をたのまれる。
4 台風でトンネルが**フ**通になる。
5 生徒会の**フク**会長になる。
6 幸**フク**な人生を送る。
7 昨日は**トク**別に寒かった。
8 道**トク**をわきまえる。
9 **テイ**音のパートを歌う。
10 深海魚が海**テイ**にひそむ。

3 次のカタカナを漢字になおし、一字だけ書きなさい。

1 **ボウ**遠鏡
2 登山**タイ**
3 **ト**競走
4 **フ**思議
5 目**テキ**地
6 **ネッ**帯魚
7 **ハク**物館
8 決勝**セン**
9 積**キョク**的
10 **フク**作用

119

4 次の──線のカタカナを漢字になおして書きなさい。

1 アンズの花が**マンカイ**になる。（　　）

2 ここは交通の**フベン**な所だ。（　　）

3 苦労（くろう）の**スエ**、実験は成功した。（　　）

4 天体**ボウエン**鏡で星を見る。（　　）

5 あれ地をたがやして畑に**カ**える。（　　）

6 いちばんよい**ホウホウ**を選ぶ。（　　）

7 夜になって海の水が**ミ**ちてきた。（　　）

8 広い**ボクジョウ**で牛や馬をかう。（　　）

9 南の国から花の**タヨ**りがとどく。（　　）

10 **シュウマツ**の予定を立てる。（　　）

11 町は夕やみに**ツツ**まれた。（　　）

12 病人の様子が**キュウヘン**する。（　　）

月　日　月　日　月　日

			❶
			／12
		❷	
		／10	
	❸		
	／10		
❹			
／12			
〈　〉 ／12			
〈　〉 ／12			
［　］ ／12			

漢字	未	民	無	約	勇	要	養
読み	音 ミ / 訓 —	音 ミン / 訓 たみ中	音 ブ ム / 訓 な（い）	音 ヤク / 訓 —	音 ユウ / 訓 いさ（む）	音 ヨウ / 訓 かなめ・い（る）中	音 ヨウ / 訓 やしな（う）
画数	5	5	12	9	9	9	15
部首	木	氏	灬	糸	力	西	食
部首名	き	うじ	れんが・れっか	いとへん	ちから	おおいかんむり	しょく
漢字の意味	まだ…しない	ふつうの人	…がない	とりきめ・きりつめる・およそ・だいたい	いさましい・思いきりがよい	だいじな・もとめる・なくてはならない	やしなう・そだてあげる・心をゆたかにする
用例	未完成・未然・未定・未来・前人未到	民芸品・民主・民宿・民族・住民・民の声	無数・無名・無理・無料・有無・無事・自信が無い	約束・条約・節約・予約・要約	勇敢・勇気・勇士・勇者・武勇・勇み足・勇ましい姿	要点・要約・重要・必要・チームの要・勇気が要る	養育・養子・養分・栄養・休養・静養・子を養う
筆順	未 未 未 未 未	民 民 民 民 民	無 無 無 無 無 無12	約 約 約 約 約	勇 勇 勇 勇 勇	要 要 要 要 要	養2 養10 養12 養6 養8 養 養 養 養

121

1 次の――線の漢字の読みをひらがなで書きなさい。

1 今回の旅行では民宿にとまる。

2 勇ましいかけ声が道場から聞こえる。

3 栄養のバランスを考えて食事する。

4 冬山登山をした兄が無事に帰る。

5 地球の未来をみんなで考えよう。

6 近所の住民が話し合いをする。

7 家から学校まで約八百メートルある。

8 無数の星が夜空にきらめく。

9 休みを取って英気を養う。

10 入学に必要な学用品をそろえる。

11 かれは真の勇者だ。

12 火の無いところにけむりは立たぬ

発音が同じ言葉のかんちがい

兄：おじいさんが、**じしん**の伝記を書くんだって。

弟：あの**じしん**の体験を生かしてかい？

兄：**じしん**があるみたいだよ。

弟：え？　いつ？

　兄は「おじいさんが、**自身**の伝記に**自信**があるようだ」と言っているのに、弟は「**地震**」のことだとかんちがいしています。

122

2 次の――線のカタカナに合う漢字をえらび、記号で答えなさい。

1 電気を**セツ**約して使う。
（ア 折　イ 節　ウ 切　）

2 町の人口の**ヘン**動を調べる。
（ア 返　イ 辺　ウ 変　）

3 虫の**ヒョウ**本を作る。
（ア 表　イ 票　ウ 標　）

4 問題をとく方**ホウ**を考える。
（ア 放　イ 法　ウ 包　）

5 空気のよい所で静**ヨウ**する。
（ア 養　イ 要　ウ 陽　）

6 **フ**意に声をかけられおどろく。
（ア 不　イ 夫　ウ 府　）

7 **フク**食の品目を考える。
（ア 服　イ 副　ウ 福　）

3 次の――線のカタカナを漢字と送りがな（ひらがな）で書きなさい。

1 **イサマシイ**行進曲だ。

2 毎日**カナラズ**歯をみがこう。

3 **アタリ**一面が雪景色だ。

4 友だちと駅で**ワカレル**。

5 東の空が赤みを**オビル**。

6 きれいな紙で箱を**ツツム**。

7 広場で竹とんぼを**トバス**。

8 コップを水で**ミタス**。

9 アンテナを取り**ツケル**。

10 対戦相手に**ヤブレル**。

11 日本で**モットモ**高い山だ。

12 **アツイ**お茶をいれる。

4 次の──線のカタカナを漢字になおして書きなさい。

月 日 月 日 月 日

1 **ムメイ**の歌手に注目が集まる。

2 夏にとまる旅館の**ヨヤク**をする。

3 運動をして体力を**ヤシナ**う。

4 先生の言葉に**ユウキ**づけられた。

5 おみやげは外国の**ミンゲイ**品だ。

6 あの選手はチームの**カナメ**だ。

7 今月のおこづかいが**ナ**くなった。

8 **ヨウテン**をノートにまとめる。

9 自転車の事故(じこ)を**ミゼン**にふせぐ。

10 父は**イサ**んでつりに出かけた。

11 **ムリ**をして体調をくずした。

12 球根に**ヨウブン**をたくわえる。

| 1 | 2 | 3 | 4 | | |
|/12|/7|/12|/12|/12|/12|

124

漢字	浴	利	陸	良	料	量	輪	類
読み	音 ヨク / 訓 あ(びる)・あ(びせる)	音 リ / 訓 き(く)高	音 リク / 訓 —	音 リョウ / 訓 よ(い)	音 リョウ / 訓 —	音 リョウ / 訓 はか(る)	音 リン / 訓 わ	音 ルイ / 訓 たぐ(い)
画数	10	7	11	7	10	12	15	18
部首	氵	刂	阝	艮	斗	里	車	頁
部首名	さんずい	りっとう	こざとへん	こんづくり・ねづくり	とます	さと	くるまへん	おおがい
漢字の意味	湯・水・光などをあびる	よく切れる・役に立つ・もうけ・かしこい	水におおわれていない・土地	すぐれている・よい	きりもりする・代金・もとになるもの	はかる・かさ・めかた・心や能力の大きさ	車のわ・まるいもの・かわるがわる・まわり	たぐい・にている・近くへおよぶこと
用例	浴室・海水浴・森林浴・日光浴・入浴・水浴び	利益・利害・利用・勝利・便利・有利・砂利	陸上・陸路・陸橋・上陸・大陸・着陸・内陸	良心・良薬・改良・優良・良い機会・仲良し・野良	料金・料理・給料・原料・材料・食料・無料・有料	測量・量産・音量・計量・大量・体重を量る・水量	輪唱・一輪車・大輪・首輪・指輪・輪になる	書類・類型・類似・衣類・種類・分類
筆順	浴 浴 浴 浴（×4）	利 利 利 利	陸 陸 陸 陸 陸	良 良 良 良	料 料 料 料	量 量 量 量	輪 輪 輪 輪 輪	類 類 類 類 類

月　日

1 次の——線の漢字の読みをひらがなで書きなさい。

1　浴室でかみの毛をあらった。

2　油の量り売りをしている店がある。

3　雨で池の水量がふえる。

4　空きびんを利用して花を生ける。

5　大きな輪になってダンスをおどる。

6　台風が本州に上陸する。

7　愛犬が庭先で水浴びをしている。

8　冬の衣類をクリーニングに出す。

9　自転車で風を切って気持ち良く走る。

10　工作の材料をそろえる。

11　校庭で一輪車に乗って遊ぶ。

12　良薬は口ににがし

同じ音で意味がちがう熟語

・きかん………気管・器官・機関・期間・帰館
・じどう………児童・自動
・しょうか……唱歌・消火・消化・商家
・りょうしん…良心・両親
　文の前後の意味を正しく読み取って、意味に合った熟語を
書きましょう。

2 次の各組の——線の漢字の読みをひらがなで書きなさい。

1 と石で包丁をとぐ。

2 包み紙を折りたたむ。

3 妹の話を聞いて勇気が出た。

4 遠足の朝、勇んで家を出た。

5 必要のない物をすてる。

6 守りの要はゴールキーパーだ。

7 夏休みに海水浴へ行く。

8 朝日を浴びて雪原が光る。

9 物語の結末を楽しみにする。

10 春に末の弟が一年生になる。

11 道具を使いやすく改良する。

12 公園で仲良く遊ぶ。

3 次の漢字の読みは、音読み（ア）ですか、訓読み（イ）ですか。記号で答えなさい。

〈れい〉 力（ちから）（イ）

1 変（へん）

2 底（そこ）

3 無（ぶ）

4 陸（りく）

5 塩（しお）

6 街（まち）

7 約（やく）

8 類（るい）

9 民（みん）

10 輪（わ）

127

4 次の――線のカタカナを漢字になおして書きなさい。

1 交通の**ベンリ**な所に住む。

2 サツマイモの重さを**ハカ**る。

3 外に出て日光**ヨク**を楽しむ。

4 ぼくたち兄弟は**ナカヨ**しだ。

5 **タイリン**のキクが見事にさく。

6 母に習って魚を**リョウリ**する。

7 周囲の注目を一身に**ア**びる。

8 漢字を部首ごとに**ブンルイ**する。

9 テレビの**オンリョウ**を下げる。

10 飛行機が無事に**チャクリク**した。

11 母は**ユビワ**をはめて出かけた。

12 **リョウシン**を持って行動する。

月　日

月　日

月　日

			4	**3**	**2**	**1**
/12	/12	/12	/12	/10	/12	/12

128

漢字	録	労	老	連	例	冷	令
読み	音 ロク／訓 —	音 ロウ／訓 —	音 ロウ／訓 お(いる)・ふ(ける)[高]	音 レン／訓 つら(なる)・つら(ねる)・つ(れる)	音 レイ／訓 たと(える)	音 レイ／訓 つめ(たい)・ひ(える)・ひ(や)・ひ(やかす)・ひ(やす)・さ(める)・さ(ます)	音 レイ／訓 —
画数	16	7	6	10	8	7	5
部首	金	力	耂	辶	亻	冫	人
部首名	かねへん	ちから	おいがしら	しんにょう・しんにゅう	にんべん	にすい	ひとやね
漢字の意味	書きとめる・音声や映像をとどめる	はたらく・つかれる・いたわる	年をとる・年長者・経験をつむ	つらなる・つづけて・ひきつれる・なかま	しきたりとなっている・もの・見本	つめたい・心にあたたかみがない	いいつける・きまり・りっぱな
用例	付録・目録・録音・録画・記録・登録・	労使・功労・心労・労力・徒労・疲労・労働・苦労・	老化・老人・敬老・長老・老け役・愛犬が老いる	関連・連休・連日・連勝・連続・連休・山が連なる	例外・例年・例文・用例・花に例える	冷静・寒冷・冷たい風・底冷え・湯冷まし	令息・号令・指令・司令・辞令・発令・法令・命令
筆順	録 録⁴ 録 録⁷ 録¹⁴ 録¹⁶	労 労 労 労 労	老 老 老 老 老	連 連 連 連 連 連 連	例 例 例 例 例	冷 冷 冷 冷 冷	令 令 令 令 令

ステップ 25

月　日

1 次の——線の漢字の読みをひらがなで書きなさい。

1 冷たい風が顔に当たる。

2 森で野鳥の声を録音する。

3 連日の雨で川の水かさがました。

4 花に例えるとヒマワリのような人だ。

5 秋の取り入れ時期は労働にはげむ。

6 先生の号令に合わせて動く。

7 老化の予防のため、毎日運動する。

8 スープが冷めてしまった。

9 寒冷な土地でくらす。

10 遠くに山々が連なって見える。

11 例文を読んで問いに答える。

12 少年老いやすく学成りがたし

同じ字でも二通りの意味がある語

色紙 ⎰ いろがみ…いろいろな色にそめた紙。
　　 ⎱ しきし……四角いあつ紙で、和歌や俳句、書や絵などをかくもの。

金星 ⎰ きんせい…太陽系の惑星の一つ。
　　 ⎱ きんぼし…すもうで平幕の力士が横綱に勝ったときの勝ち星のこと。また、大きな手がらのこと。

2 次の——線のカタカナを漢字と送りがな（ひらがな）で書きなさい。

1 新商品が注目をアビル。〰〰〰

2 両国は共にサカエル。〰〰〰

3 生活の中で根気をヤシナウ。〰〰〰

4 好きな選手の名前をアゲル。〰〰〰

5 雨にぬれて体がヒエル。〰〰〰

6 静けさが辺りをツツム。〰〰〰

7 人生をマラソンにタトエル。〰〰〰

8 赤ちゃんの体重をハカル。〰〰〰

9 商店がのきをツラネル。〰〰〰

10 家族の安全をネガウ。〰〰〰

11 温室に花の香りがミチル。〰〰〰

12 平和な毎日をノゾム。〰〰〰

3 上の漢字と下の〔　〕の中の漢字を組み合わせて二字の熟語を三つ作りなさい。答えは二字とも書きなさい。

1 養〔英・休・静・分・勇〕

2 冷〔害・気・氏・青・静〕

3 老〔人・作・長・働・犬〕

4 料〔金・結・原・松・給〕

5 類〔衣・泣・時・種・分〕

131

4

次の――線のカタカナを漢字になおして書きなさい。

月　日

1　兄は何でもぼくに**メイレイ**する。（　　）

2　**ロクガ**していたドラマを見る。（　　）

3　熱いお茶を**サ**まして飲む。（　　）

4　村の**チョウロウ**に昔の話を聞く。（　　）

5　この冬は**レイネン**にくらべて寒い。（　　）

6　スケートに**ツ**れて行ってほしい。（　　）

7　真冬になると**ソコビ**えがする。（　　）

8　姉が**オ**いた犬をいたわる。（　　）

9　**タト**えようもなく美しい人だ。（　　）

10　毎日の天気を**キロク**している。（　　）

11　**レンキュウ**を海外ですごす。（　　）

12　わかい時の**クロウ**は買ってでもせよ（　　）

1		/12
2		/12
3		/5
4		/12
〈　〉		/12
[　]		/12

力だめし

第5回

総得点
／100

評価

A
80点
75点 B
70点 C
D
60点
E

月　日

1 次の——線の漢字の読みをひらがなで書きなさい。

1×10
／10

1 スポーツの祭典が行われる。
2 父はユーモアに富んでいる。
3 都道府県の人口を調べる。
4 姉の夫となる人に会った。
5 折れ線グラフを書く。
6 川の岸辺に水草がしげる。
7 化学兵器の使用を禁止する。
8 ストーブに灯油を入れる。
9 球場は熱戦にわきかえった。
10 焼け石に水

2 次の上の漢字の太い画のところは筆順の何画目か、下の漢字の総画数は何画か、算用数字（1、2、3…）で答えなさい。

1×10
／10

〈れい〉正（3）字（6）

1 勇（　）
2 養（　）
3 量（　）
4 灯（　）
5 府（　）
6 辞（　）
7 良（　）
8 包（　）
9 然（　）
10 辺（　）

133

3 次の部首のなかまの漢字で（　）にあてはまる漢字一字を書きなさい。

1×10 /10

〈れい〉イ（にんべん）
（体）カ・エ（作）_{さく}

氵（さんずい）

1 方（ほう）　2 （まん）足　3 入（よく）

木（き）

4 （み）完成　5 結（まつ）　6 札（たば）

刂（りっとう）

7 （り）用　8 （ふく）業　9 印（さつ）

10 送（べつ）会

4 次の各組の――線の漢字の読みをひらがなで書きなさい。

1×10 /10

1 計量カップに水を入れる。
2 生まれた子牛の重さを量る。
3 市から手当てを給付される。
4 服にブローチを付ける。
5 母は月に一度は包丁をとぐ。
6 プレゼントの包み紙を開く。
7 車のエンジンを改良する。
8 良い機会にめぐまれる。
9 天井（てんじょう）に照明器具を付ける。
10 月明かりが庭を照らす。

5 上の漢字と下の〔　〕の中の漢字を組み合わせて二字の熟語を三つ作りなさい。答えは二字とも書きなさい。

2×5　/10

1　録　〔画・気・登・負・目〕　（　）（　）（　）

2　要　〔付・重・信・求・約〕　（　）（　）（　）

3　養　〔栄・積・分・度・休〕　（　）（　）（　）

4　令　〔司・指・方・明・命〕　（　）（　）（　）

5　景　〔風・観・行・式・夜〕　（　）（　）（　）

6 後の□□の中のひらがなを漢字になおして、意味が反対や対になることば（対義語）を書きなさい。□□の中のひらがなは一度だけ使い、漢字一字を書きなさい。

1×10　/10

〈れい〉室内—室（外）

1　海洋—大（　）
2　期待—失（　）
3　決定—（　）定
4　主食—（　）食
5　高音—（　）音

6　文頭—文（　）
7　熱湯—（　）水
8　敗北—（　）勝
9　有害—（　）害
10　不要—（　）要

てい・ひつ・ふく・ぼう・まつ・み・む・り・りく・れい

135

7 次の――線のカタカナを漢字になおして書きなさい。

2×10 /20

1 薬の**フク**作用に気をつける。

2 **フク**引きで大当たりが出る。

3 入場**リョウ**をしはらう。

4 荷物を**リョウ**手に持つ。

5 水害防止のため植**リン**する。

6 全校音楽会で**リン**唱する。

7 新しい手**ホウ**で絵をえがいた。

8 自転車を通路に**ホウ**置しない。

9 空の色が**ヘン**化する。

10 すぐに手紙の**ヘン**事が来た。

8 次の――線のカタカナを漢字になおして書きなさい。

2×10 /20

1 草原で羊を**ホウボク**する。

2 **クロウ**して学問をおさめる。

3 観光バスが**ツラ**なって走る。

4 よく**ヒ**えたジュースを飲む。

5 今日のご飯は**トクベツ**おいしい。

6 **レイ**を挙げて説明する。

7 島の**ジュウミン**が反対する。

8 年**オ**いた祖母を気づかう。

9 ゆたかで**ベンリ**な生活を送る。

10 **ルイ**は友をよぶ

総まとめ

今までの学習の成果をためしてみましょう。

検定を受けるときに注意することを記しましたので、これを読んでから、実際の検定のつもりで問題を解いてください。

■ **検定時間**　60分

【注意点】

1　問題用紙と答えを記入する用紙は別になっています。答えはすべて答案用紙に記入してください。
※本書では答案用紙は別冊の「漢字練習ノート」にあります。

2　常用漢字の旧字体や表外漢字、常用漢字音訓表以外の読み方は正答とは認められません。

3　検定会場では問題についての説明はありませんので、問題をよく読んで、答えを記入してください。

4　答えはHB・B・2Bのえんぴつまたはシャープペンシルで、わく内に大きくはっきり書いてください。くずした字や乱雑な書き方は採点の対象になりませんので、ていねいに書くように心がけてください。

5　検定を受ける前に「日本漢字能力検定採点基準」『漢検』受検の際の注意点」（本書巻頭カラーページにあります）を読んでおいてください。

総得点 ／200

評価 A 140点 B 120点 C 100点 D 80点 E

137

7級 総まとめ

(一) 次の――線の漢字の読みをひらがなで答えのらんに書きなさい。 (20) 1×20

1 天然のタイをつって食べる。

2 庭に一輪の花がさく。

3 帰ってからシャワーを浴びた。

4 五年がんばり、やっと芽が出た。

5 井戸の水をくんで飲む。

6 卒業式に兄弟で写真をとる。

7 テストは案外やさしかった。

8 先生はいくつかの例を挙げた。

9 バラの花の香りをかぐ。

(二) 次の各組の――線の漢字の読みをひらがなで答えのらんに書きなさい。 (10) 1×10

1 他国と友好的な関係を結ぶ。

2 好きな詩を何度も読む。

3 まずフライパンを加熱する。

4 かくし味にハチミツを加える。

5 有名な科学者の伝記を読む。

6 糸電話で声を伝える。

7 初心をわすれず練習にはげむ。

8 初めていとこが遊びに来た。

9 遠足が中止になって残念だ。

10 食べきれずにおかずを残した。

(四) 次の上の漢字の太い画のところは筆順の何画目か、下の漢字の総画数は何画か、算用数字（1、2、3…）で答えなさい。 (10) 1×10

〈例〉 正 ③ 字 ⑥

1 果

2 臣

3 牧

4 老

5 城

6 孫

7 議

8 隊

9 建

10 類

(五) 次の漢字の読みは、音読み（ア）ですか、訓読み（イ）ですか。記号で答えなさい。 (20) 2×10

〈例〉 力_{ちから} → イ

1 的_{てき}

2 単_{たん}

6 末_{まつ}

7 管_{くだ}

138

10　日記を毎日欠かさずつける。
11　日がくれて街灯がともる。
12　小鳥が群れて飛んでいる。
13　湖の風景が美しい。
14　六年生はじきに学校を巣立つ。
15　信用を失うようなことはしない。
16　公園で写生の題材をさがす。
17　国産の農作物を買う。
18　辞典で漢字の成り立ちを調べる。
19　かり取ったイネを束ねる。
20　帯に短し　たすきに長し

(三) 次の——線のカタカナに合う漢字をえらんで答えのらんに記号で書きなさい。
(20) 2×10

1　早朝のランニングを日カとする。（ア科　イ果　ウ課）
2　作文を印サツして文集にする。（ア札　イ刷　ウ察）
3　エネルギーがフ足する。（ア付　イ不　ウ負）
4　思い出すとリョウ心がいたむ。（ア良　イ両　ウ料）
5　ぬれたイ服を早くぬぐ。（ア意　イ衣　ウ委）
6　会社がキュウ人の広告を出す。（ア求　イ究　ウ休）　こうこく
7　冬休みにスキーを体ケンした。（ア見　イ研　ウ験）
8　ソウ庫に工具箱をしまう。（ア倉　イ送　ウ相）
9　ホウ丁でキャベツをきざむ。（ア方　イ放　ウ包）
10　キ望していた学校に進学する。（ア気　イ希　ウ記）

3　旗　はた
4　説　せつ
5　種　たね
8　松　まつ
9　仲　なか
10　害　がい

(六) 後の□の中のひらがなを漢字になおして、意味が反対や対になることば（対義語）を書きなさい。□の中のひらがなは一度だけ使い、答えのらんに漢字一字を書きなさい。
(10) 2×5

〈例〉 室内—室外

有料—[1]料
本業—[2]業
平等—[3]別
起立—着[4]
先生—生[5]

さ・せき・と・ふく・む

139

（七）次の――線のカタカナを○の中の漢字と送りがな（ひらがな）で答えのらんに書きなさい。 (14) 2×7

〈例〉 正 タダシイ字を書く。 → 正しい

1 省 むだな説明をハブク。

2 続 発声練習をツヅケル。

3 清 アユはキヨイ流れにすむ。

4 冷 ツメタイ水を飲みほす。

5 治 薬がきいて病気がナオル。

6 唱 ちかいの言葉をトナエル。

7 栄 商業都市としてサカエル。

（九）次の――線のカタカナを漢字になおして答えのらんに書きなさい。 (16) 2×8

1 自転車のサドルのイ置を変える。

2 思ったイ上にたいへんな仕事だ。

3 毎日の目ヒョウを立てる。

4 アイドルの人気投ヒョウを行う。

5 ドラマのサイ終回を見のがす。

6 パンと野サイサラダを食べる。

7 テーブルに食キをならべる。

8 日本は四キに富んだ国だ。

（十一）次の――線のカタカナを漢字になおして答えのらんに書きなさい。 (40) 2×20

1 悪天コウの中を出発した。

2 全員集合の号レイがかかった。

3 キョウ通語について学ぶ。

4 外国人にエイ語で話しかける。

5 弟と早起きのキョウ争をする。

6 セツ分に家族で豆まきをした。

7 姉は中学校でリク上部に入った。

8 晴れすがたをカガミにうつす。

9 日ごろから健コウに注意する。

10 サク夜から雨がやまない。

140

(八) 次の部首のなかまの漢字で□にあてはまる漢字一字を、答えのらんに書きなさい。

(20)
2×10

〈例〉イ（にんべん）
体力・工作

ア 攵（のぶん・ぼくづくり）
7 勝・8 手・上 9

イ 力（ちから）
4 気・5 働・6 力

ウ 辶（しんにょう・しんにゅう）
7 勝・8 手・上 9

ア 攵（のぶん・ぼくづくり）
1 歩・2 良・3 北

周 10 へん

(十) 上の漢字と下の　　の中の漢字を組み合わせて二字のじゅく語を二つ作り、答えのらんに記号で書きなさい。

(20)
2×10

〈例〉校
ア門 イ学 ウ海 エ体 オ読
イ 校
校 ア

一、積
ア青 イ雪 ウ対 エ飯 オ面
1 積
積 2

二、固
ア強 イ係 ウ時 エ対 オ定
3 固
固 4

三、信
ア号 イ自 ウ持 エ中 オ年
5 信
信 6

四、愛
ア安 イ親 ウ体 エ犬 オ新
7 愛
愛 8

五、給
ア月 イ治 ウ食 エ府 オ良
9 給
給 10

11 筆で年ガ状を書く。

12 カン客の声えんにこたえる。

13 今大会で日本新記ロクが出た。

14 話題のニュースをトク集する。

15 プールで真っ黒に日ヤけする。

16 今日は学ゲイ会の練習がある。

17 目のサめるようなホームランだ。

18 その国の人口は一オク人だ。

19 道の両ガワに梅の木がならぶ。

20 今泣いたからすがもうワラう

学年別漢字配当表

「小学校学習指導要領」(令和２年４月実施)による。

学年	ア	イ	ウ	エ	オ	カ	キ	ク	ケ	コ	サ
第一学年 10級		一	右雨	円	王音	下火花貝学	気九休玉金	空	月犬見	五口校	左三山
第二学年 9級		引	羽雲	園遠		何科夏家歌画 回会海絵外角 楽活間丸岩顔	汽記帰弓牛魚 京強教近		兄形計元言原	戸古午後語 工公広交光行 今高黄合谷国黒	才細作算
第三学年 8級	悪安暗	医委意育員院 飲	運	泳駅	央横屋温	化荷界開階寒 感漢館岸	起期客究急級 宮球去橋業曲 局銀	区苦具君	係軽血決研県	庫湖向幸港号 根	祭皿
第四学年 7級	愛案	以衣位茨印		英栄媛塩	岡億	加果貨課芽賀 改械害街各覚 潟完官管関観 願	岐希季旗器機 議求泣給挙漁 共協鏡競極	熊訓軍郡群	径景芸欠結建 健験	固功好香候康	佐差菜最埼材 崎昨札刷察参 産散残
第五学年 6級	圧	囲移因		永営衛易益液 演	応往桜	可仮価河過快 解格確額刊幹 慣眼	紀基寄規喜技 義逆久旧救居 許境均禁	句	型経潔件券険 検限現減	故個護効厚耕 航鉱構興講告 混	査再災妻採際 在財罪殺雑酸 賛
第六学年 5級		胃異遺域	宇	映延沿	恩	我灰拡革閣割 株干巻看簡	危机揮貴疑吸 供胸郷勤筋		系敬警劇激穴 絹権憲源厳	己呼誤后孝皇 紅降鋼刻穀骨 困	砂座済裁策冊 蚕

学年別漢字配当表

ノ	ネ	ニ	ナ	ト	テ	ツ	チ	タ	ソ	セ	ス	シ
	年	二日入		土	天田		竹中虫町	大男	早草足村	正生青夕石赤千川先	水	子四糸字耳七
		肉	内南	刀冬当東答頭	弟店点電	通	地池知茶昼長	多太体台	組走	西声星晴切雪船線前	図数	止市矢姉思紙色食心新親
農				都度投豆島湯登等動童	定庭笛鉄転	追	着注柱丁帳調	他打対待代第題炭短談	相送想息速族	世整昔全		仕死使始指歯詩次事持式実写者主守取酒受州拾終習集住重宿所暑助昭消商章勝乗進植申身神真深
	熱念		奈梨	栃徒努灯働特	低底的典伝		置仲沖兆	帯隊達単	争倉巣束側続卒孫	井成省清静席積折節説浅戦選		氏司試児治滋辞鹿失借種周祝順初松笑唱焼照城縄臣信
能	燃	任		統堂銅導得毒独	停提程適		築貯張	貸態団断	祖素総造像増則測属率損	制性政勢精製税責績接設絶		士支史志枝師資飼示似識質舎謝授修述術準序招証象賞条状常情織職
納脳		乳認	難	討党糖届	敵展	痛	値宙忠著庁頂腸潮賃	退宅担探誕段暖	奏窓創装層操蔵臓存尊	盛聖誠舌宣専泉洗染銭善	垂推寸	至私姿視詞誌磁射捨尺若樹収宗就衆従縦縮熟純処署諸除承将傷障蒸針仁

学年別漢字配当表

学年	級	学年字数	累計字数	ハ	ヒ	フ	ヘ	ホ	マ	ミ	ム	メ	モ	ヤ	ユ	ヨ	ラ	リ	ル	レ	ロ	ワ
第一学年	10級	80字	80字	白八	百	文		木本				名	目					立力林			六	
第二学年	9級	160字	240字	馬売買麦半番		父風分聞	平返勉	歩母方北	毎妹万			明鳴	毛門	夜野	友	用曜	来	里理				話
第三学年	8級	200字	440字	波配倍箱畑発反坂板	皮悲美鼻筆氷表秒病品	負部服福物		放		味		命面	問	役薬	由油有遊	予羊洋葉陽様	落	流旅両緑		礼列練	路	和
第四学年	7級	202字	642字	敗梅博阪飯	飛必票標	不夫付府阜富副	兵別辺変便	包法望牧	末満	未民	無			約	勇	要養浴		利陸良料量輪	類	令冷例連	老労録	
第五学年	6級	193字	835字	破犯判版	比肥非費備評貧	布婦武復複仏粉	編弁	保墓報豊防貿暴		脈	務夢	迷綿			輸	余容		略留領		歴		
第六学年	5級	191字	1026字	派拝背肺俳班晩	否批秘俵	腹奮	並陛閉片	補暮宝訪亡忘棒	枚幕	密		盟	模	訳	郵優	預幼欲翌	乱卵覧	裏律臨			朗論	

級別漢字表

小学校学年別配当漢字を除く一一〇字。

級	シ	サ	コ	ケ	ク	キ	カ	オ	エ	ウ	イ	ア
4級	旨 伺 刺 脂 紫 雌 執 芝 斜 煮 釈 寂 朱 狩（シ続く）	鎖 彩 歳 載 剤 咲 惨	枯 誇 鼓 互 抗 攻 更 恒 荒 項 稿 豪 込 婚	恵 傾 継 迎 撃 肩 兼 剣 軒 圏 堅 遣 玄	駆 屈 掘 繰	奇 祈 鬼 幾 輝 儀 戯 詰 却 脚 及 丘 朽 巨 拠 距 叫 凶 狂 況 狭 恐 響 驚 仰 御	菓 暇 箇 雅 介 戒 皆 壊 較 獲 刈 甘 汗 乾 勧 歓 監 環 鑑 含	汚 押 奥 憶	影 鋭 越 援 煙 鉛 縁		芋 陰 隠 依 威 為 偉 違 維 緯 壱	握 扱
3級	祉 施 諮 侍 慈 軸 疾 湿 赦 邪 殊 寿 潤 遵（シ続く）	債 催 削 搾 錯 撮 暫	孤 弧 雇 顧 娯 悟 孔 巧 甲 坑 拘 郊 控 慌 硬 絞 綱 酵 克 獄 恨 紺 魂 墾	刑 契 啓 掲 携 憩 鶏 鯨	愚 偶 遇	企 忌 軌 既 棋 棄 騎 犠 菊 吉 喫 虐 虚 峡 脅 凝 斤 緊	佳 架 華 嫁 餓 怪 悔 塊 慨 該 概 郭 隔 穫 岳 掛 滑 肝 冠 勘 貫 喚 換 敢	欧 殴 乙 卸 穏	詠 悦 閲 炎 宴		慰	
準2級	肢 嗣 賜 璽 漆 遮 蛇 酌 爵 珠 儒 囚 臭 愁（シ続く）	唆 詐 砕 宰 栽 斎 索 酢	衡 呉 碁 江 肯 侯 洪 貢 溝 購 拷 剛 酷 昆 懇	茎 渓 蛍 慶 傑 嫌 献 謙	隅 勲 薫	飢 宜 偽 擬 糾 窮 拒 享 挟 恭 矯 暁 菌 琴 謹 襟	渦 禍 靴 寡 稼 蚊 拐 懐 核 殻 嚇 括 喝 渇 褐 轄 且 缶 陥 患 堪 閑 寛 憾 還 艦 頑	凹 翁 虞	疫 謁 猿	畝 浦	尉 逸 姻 韻	亜
2級	恣 摯 餌 叱 嫉 腫 呪 袖 羞 蹴 憧 拭 尻 芯（シ続く）	沙 挫 采 塞 柵 刹 拶 斬	駒 股 虎 錮 痕 勾 梗 喉 乞 傲	詣 憬 稽 隙 桁 拳 鍵 舷	惧 串 窟	錦 伎 亀 毀 畿 臼 嗅 巾 僅	苛 牙 瓦 楷 潰 諧 崖 蓋 骸 柿 顎 葛 釜 鎌 韓 玩	旺 臆 俺	怨 艶	唄 鬱	畏 萎 椅 彙 咽 淫	挨 曖 宛 嵐

	シ続き	ス	セ	ソ	タ	チ	ツ	テ	ト	ナ	ニ	ネ	ノ	ハ
4級	趣 需 舟 秀 襲 柔 獣 瞬 旬 巡 盾 召 床 沼 称 紹 振 詳 丈 畳 殖 飾 触 侵 浸 寝 慎 震 薪 尽 陣 尋	吹	是 姓 征 跡 占 扇 鮮	訴 僧 燥 騒 贈 即 俗	替 沢 拓 濁 脱 丹 淡 嘆 端 弾	恥 致 遅 蓄 徴 澄 沈 珍		抵 堤 摘 滴 添 殿	吐 途 渡 奴 怒 到 逃 倒 唐 桃 透 盗 塔 稲 踏 闘 峠 突 鈍 曇 胴		弐		悩 濃	抜 罰 般 販 搬 範 繁 盤 杯 輩 拍 泊 迫 薄 爆 髪
3級	如 徐 匠 昇 掌 晶 焦 衝 鐘 冗 嬢 錠 譲 嘱 辱 伸 辛 審	炊 粋 酔 遂 穂 随 髄	摂 潜 繕 瀬 牲 婿 請 斥 隻 惜 籍	遭 憎 措 粗 礎 双 桑 掃 葬 阻	託 諾 奪 胆 鍛 壇 胎 袋 逮 滞 滝 択 卓	稚 畜 抽 鋳 駐 超 聴 陳 鎮	墜	帝 訂 締 哲	斗 塗 凍 陶 痘 匿 篤 豚		尿	粘		藩 蛮 婆 排 陪 縛 伐 帆 伴 畔
準2級	酬 醜 汁 充 渋 銃 叔 淑 粛 塾 俊 准 殉 循 庶 緒 叙 升 抄 肖 尚 宵 症 硝 粧 詔 奨 彰 償 礁 渉 訟 浄 剰 壌 醸 紳 津 唇 娠 診 刃 迅 甚	帥 睡 枢 据 杉	斉 逝 誓 析 拙 窃 仙 栓	租 槽 疎 塑 藻 壮 荘 曹	妥 堕 惰 駄 泰 濯 但	痴 逐 嫡 衷 弔 挑 眺 釣 懲 勅 朕	塚 漬 坪	呈 廷 邸 亭 貞 逓 偵 艇 泥 迭 徹 撤	悼 搭 棟 筒 謄 騰 洞 督 凸 屯	軟	尼 妊 忍	寧		把 覇 廃 培 媒 賠 伯 舶 漠 肌 鉢 閥 煩 頒
2級	腎	須 裾	凄 醒 脊 戚 煎 羨 腺 詮 箋 膳	狙 遡 曽 爽 痩 踪 捉 遜	汰 唾 堆 戴 誰 旦 綻	緻 酎 貼 嘲 捗	椎 爪 鶴	諦 溺 填	妬 賭 藤 瞳 頓 貪 丼	那 謎 鍋	匂 虹	捻		罵 剥 箸 氾 汎 斑

級別漢字表（読み：ヒ・フ・ヘ・ホ・マ・ミ・ム・メ・モ・ヤ・ユ・ヨ・ラ・リ・ル・レ・ロ・ワ）

読み	5級まで	4級まで	3級まで	準2級まで
ヒ	彼疲被避尾微匹描／浜敏	卑碑泌姫漂苗	妃披扉罷猫賓頻瓶	眉膝肘
フ	怖浮普腐敷膚賦舞／幅払噴	赴符封伏覆紛墳	扶附譜侮沸雰憤	訃
ヘ	柄壁	癖	丙併塀幣弊偏遍	蔽餅璧蔑
ホ	冒傍帽凡盆／捕舗抱峰砲忙坊肪	崩飽縫乏妨房某膨／募慕簿芳邦奉胞倣	泡俸褒剖紡朴僕撲	哺蜂貌頬睦勃
マ	慢漫	魔埋膜又	麻摩磨抹	昧枕
ミ	妙眠	魅	岬	蜜
ム	矛霧娘			
メ		滅免	銘	冥麺
モ	茂猛網黙紋		妄盲耗	
ヤ	躍		厄	冶弥闇
ユ	雄	幽誘憂	愉諭癒唯悠猶裕融	喩湧
ヨ	与誉溶腰踊謡翼	揚揺擁抑	庸	妖瘍沃
ラ	雷頼絡欄	裸濫	羅酪	拉辣藍
リ	離粒慮療隣	吏隆了猟陵糧厘	寮痢履柳竜硫虜涼僚	璃慄侶瞭
ル	涙		累塁	瑠
レ	隷齢麗暦劣烈恋	励零霊裂廉錬	戻鈴	
ロ	露郎	炉浪廊楼漏		呂賂弄籠麓
ワ	惑腕	湾	賄枠	脇

計313字／5級まで／1026字／累計（るいけい）／1339字

計284字／4級まで／1339字／累計／1623字

計328字／3級まで／1623字／累計／1951字

計185字／準2級まで／1951字／累計／2136字

部首一覧表（ぶしゅいちらんひょう）

表の上には部首を画数順に配列し、下には漢字の中で占める位置によって形が変化するものや特別な名称を持つものを示す。

位置の名称：
- 偏（へん）
- 旁（つくり）
- 冠（かんむり）
- 脚（あし）
- 垂（たれ）
- 繞（にょう）
- 構（かまえ）

各欄：部首／位置／名称

一画

番号	部首	字形	名称
1	〔一〕	一	いち
2	〔丨〕	丨	ぼう・たてぼう
3	〔丶〕	丶	てん
4	〔丿〕	ノ	はらいぼう・の
5	〔乙〕	乙・乚	おつ・おつ
6	〔亅〕	亅	はねぼう

二画

番号	部首	字形	名称
7	〔二〕	二	に
8	〔亠〕	亠	なべぶた・けいさんかんむり
9	〔人〕	人・イ	ひと・にんべん・ひとやね
10	〔入〕	入	いる
11	〔儿〕	儿	ひとあし・にんにょう
12	〔八〕	八・ハ	はち・は
13	〔冂〕	冂	まきがまえ・けいがまえ・どうがまえ
14	〔冖〕	冖	わかんむり
15	〔冫〕	冫	にすい
16	〔几〕	几	つくえ
17	〔凵〕	凵	うけばこ
18	〔刀〕	刀・刂	かたな・りっとう
19	〔力〕	力	ちから
20	〔勹〕	勹	つつみがまえ
21	〔匕〕	匕	ひ
22	〔匚〕	匚	はこがまえ
23	〔匸〕	匸	かくしがまえ
24	〔十〕	十	じゅう
25	〔卜〕	卜	と・うらない
26	〔卩〕	卩	わりふ・ふしづくり
27	〔厂〕	厂	がんだれ
28	〔厶〕	厶	む
29	〔又〕	又	また

三画

番号	部首	字形	名称
30	〔口〕	口・口	くち・くちへん
31	〔口〕	囗	くにがまえ
32	〔土〕	土・土	つち・つちへん
33	〔士〕	士	さむらい
34	〔夂〕	夂	ふゆがしら・すいにょう
35	〔夕〕	夕	ゆうべ
36	〔大〕	大	だい
37	〔女〕	女・女	おんな・おんなへん
38	〔子〕	子・子	こ・こへん
39	〔宀〕	宀	うかんむり
40	〔寸〕	寸	すん
41	〔小〕	小・⺌	しょう・しょう

部首一覧表

【52〜42】

No.	部首	字	読み
52	广	广	まだれ
51	幺	幺	いとがしら・ようじゅう
50	干	干	かん・いちじゅう
49	巾	巾	きんべん・はばへん
49	巾	巾	はば
48	己	己	おのれ
47	工	エ	たくみへん
47	工	工	たくみ
46	川	巛	かわ
46	川	川	かわ
45	山	山	やまへん
45	山	山	やま
44	屮	屮	てつ
43	尸	尸	かばね・しかばね
42	尢	尢	だいのまげあし

【61〜53】

No.	部首	字	読み
61	心	小（⺗）	したごころ
61	心	忄	りっしんべん
61	心	心	こころ
60	⺌	⺍	つかんむり
59	彳	彳	ぎょうにんべん
58	彡	彡	さんづくり
57	彐	彐	けいがしら
56	弓	弓	ゆみへん
56	弓	弓	ゆみ
55	弋	弋	しきがまえ
54	廾	廾	にじゅうあし・こまぬき
53	廴	廴	えんにょう

四画

- 忄 → 心
- 氵 → 水
- 艹 → 艸
- ⻏（右）→ 邑
- 扌 → 手
- 犭 → 犬
- 辶 → 辵
- ⻖（左）→ 阜

【71〜62】

No.	部首	字	読み
71	日	日	ひへん
71	日	日	ひ
70	方	方	ほうへん・かたへん
70	方	方	ほう
69	斤	斤	おのづくり
69	斤	斤	きん
68	斗	斗	とます
67	文	文	ぶん
66	攴	攵	ぼくづくり・のぶん
65	支	支	し
64	手	扌	てへん
64	手	手	て
63	戸	戸	とだれ・とかんむり
63	戸	戸	と
62	戈	戈	ほこづくり・ほこがまえ

【84〜72】

No.	部首	字	読み
84	水	水	みず
83	气	气	きがまえ
82	氏	氏	うじ
81	毛	毛	け
80	比	比	ならびひ・くらべる
79	母	母	なかれ
78	殳	殳	るまた・ほこづくり
77	歹	歹	がつへん・いちたへん・かばねへん
76	止	止	とめる
75	欠	欠	あくび・かける
74	木	木	きへん
74	木	木	き
73	月	月	つきへん
73	月	月	つき
72	曰	曰	ひらび・いわく

番号	部首	字形・読み
84	【水】	水（したみず）／氵（さんずい）
85	【火】	火（ひ）／火（ひへん）／灬（れんが・れっか）
86	【爪】	爪（つめ）／爫（つめかんむり・つめがしら）
87	【父】	父（ちち）
88	【片】	片（かた）／片（かたへん）
89	【牙】	牙（きば）
90	【牛】	牛（うし）／牛（うしへん）
91	【犬】	犬（いぬ）／犭（けものへん）

五画

王・王 → 玉
尹・老
ネ → 示
⻌ → 辵

番号	部首	字形・読み
92	【玄】	玄（げん）
93	【玉】	玉（たま）／王（おう）／王（おうへん・たまへん）
94	【瓦】	瓦（かわら）
95	【甘】	甘（かん・あまい）
96	【生】	生（うまれる）
97	【用】	用（もちいる）
98	【田】	田（た）／田（たへん）
99	【疋】	疋（ひき）／疋（ひきへん）
100	【疒】	疒（やまいだれ）

番号	部首	字形・読み
101	【癶】	癶（はつがしら）
102	【白】	白（しろ）
103	【皮】	皮（けがわ）
104	【皿】	皿（さら）
105	【目】	目（め）／目（めへん）
106	【矛】	矛（ほこ）
107	【矢】	矢（や）／矢（やへん）
108	【歹】	歹（なし・すでのつくり・しぶ）
109	【石】	石（いし）／石（いしへん）
110	【示】	示（しめす）／ネ（しめすへん）
111	【禾】	禾（のぎ）

六画

ネ・衤 → 衣
氺・水 → 水
罒 → 网

番号	部首	字形・読み
111	【禾】	禾（のぎへん）
112	【穴】	穴（あな）／穴（あなかんむり）
113	【立】	立（たつ）／立（たつへん）
114	【竹】	竹（たけ）／竹（たけかんむり）
115	【米】	米（こめ）／米（こめへん）
116	【糸】	糸（いと）／糸（いとへん）
117	【缶】	缶（ほとぎ）
118	【网】	四（あみがしら・あみめ・よこめ）

131	130	129	128	127		126	125		124	123	122	121	120	119
〔舟〕	〔舌〕	〔臼〕	〔至〕	〔自〕		〔肉〕	〔聿〕		〔耳〕	〔耒〕	〔而〕	〔老〕	〔羽〕	〔羊〕
舟	舌	臼	至	自	月	肉	聿	耳	耳	耒	而	耂	羽	羊
ふね	した	うす	いたる	みずから	にくづき	にく	ふでづくり	みみへん	みみ	すきへん らいすき	しかして しこうして	おいかんむり おいがしら	はね	ひつじ

七画

	140		139		138	137		136	135	134	133	132	131
	〔西〕		〔衣〕		〔行〕	〔血〕		〔虫〕	〔虍〕	〔艸〕	〔色〕	〔艮〕	〔舟〕
西	西	ネ	衣	行	行	血	虫	虫	虍	艹	色	艮	舟
おおいかんむり	にし	ころもへん	ころも	ゆきがまえ ぎょうがまえ	ぎょう	ち	むしへん	むし	とらがしら とらかんむり	くさかんむり	いろ	ねづくり こんづくり	ふねへん

151	150		149	148	147	146	145		144		143	142	141
〔走〕	〔赤〕		〔貝〕	〔豸〕	〔豕〕	〔豆〕	〔谷〕		〔言〕		〔角〕	〔臣〕	〔見〕
走	走	赤	貝	貝	豸	豕	豆	谷	言	言	角	角	臣	見
そうにょう	はしる	あか	かいへん	かい こがい	むじなへん	いのこ ぶた	まめ	たに	ごんべん	げん	つのへん	つの	しん	みる

161		160		159	158		157	156	155		154	153		152
〔里〕		〔釆〕		〔酉〕	〔邑〕		〔辵〕	〔辰〕	〔辛〕		〔車〕	〔身〕		〔足〕
里	釆	釆	酉	酉	阝	辶	辶	辰	辛	車	車	身	足	足
さと	のごめへん	のごめ	とりへん	ひよみのとり	おおざと	しんにょう しんにゅう	しんにょう しんにゅう	しんのたつ	からい	くるまへん	くるま	み	あしへん	あし

※注 「辶」については「遡・遜」のみに適用。

八画

170	169	168	167		166		165	164		163		162	161
〔雨〕	〔隹〕	〔隶〕	〔阜〕		〔門〕		〔長〕	〔金〕		〔麦〕		〔舛〕	〔里〕
雨	隹	隶	阝	阜	門	門	長	釒	金	麦	麦	舛	里
あめ	ふるとり	れいづくり	こざとへん	おか	もんがまえ	もん	ながい	かねへん	かね	ばくにょう	むぎ	まいあし	さとへん

九画

180			179	178	177	176	175		174	173	172	171	170
〔食〕			〔飛〕	〔風〕	〔頁〕	〔音〕	〔革〕		〔面〕	〔斉〕	〔非〕	〔青〕	〔雨〕
飠	飠	食	飛	風	頁	音	革	革	面	斉	非	青	雨
しょくへん	しょくへん	しょく	とぶ	かぜ	おおがい	おと	かわへん	かくのかわ／つくりのかわ	めん	せい	ひあらず	あお	あめかんむり

十画／十一画

十一画	190	189	188		187	186	185	184		183		十画	182	181
	〔竜〕	〔韋〕	〔鬼〕		〔鬯〕	〔髟〕	〔高〕	〔骨〕		〔馬〕			〔香〕	〔首〕
十一画	竜	韋	鬼	鬼	鬯	髟	高	骨	骨	馬	馬	十画	香	首
りゅう	なめしがわ	きにょう	おに		ちょう	かみがしら	たかい	ほねへん	ほね	うまへん	うま		かおり	くび

十二画〜十四画

200	十四画	199	十三画	198		十二画	197	196	195	194	193	192	191	
〔鼻〕		〔鼓〕		〔歯〕			〔亀〕	〔黒〕	〔黄〕	〔麻〕	〔鹿〕	〔鳥〕	〔魚〕	
鼻	十四画	鼓	十三画	歯	歯	十二画	亀	黒	黄	麻	鹿	鳥	魚	魚
はな		つづみ		はへん	は		かめ	くろ	き	あさ	しか	とり	うおへん	うお

※注 「飠」については「餌・餅」のみに適用。

常用漢字表　付表（熟字訓・当て字など）

＊小・中・高…小学校・中学校・高等学校のどの時点で学習するかの割り振りを示した。

※以下に挙げられている語を構成要素の一部とする熟語に用いてもかまわない。

例　「河岸（かし）」→「魚河岸（うおがし）」／「居士（こじ）」→「一言居士（いちげんこじ）」

付表1

語	読み	小	中	高
明日	あす	●		
小豆	あずき		●	
海女・海士	あま		●	
硫黄	いおう			●
田舎	いなか		●	
意気地	いくじ			●
息吹	いぶき			●
海原	うなばら		●	
乳母	うば		●	
浮気	うわき			●
浮つく	うわつく			●
笑顔	えがお		●	

語	読み	小	中	高
叔父・伯父	おじ			●
大人	おとな	●		
乙女	おとめ		●	
叔母・伯母	おば			●
お神酒	おみき			●
お巡りさん	おまわりさん		●	
母屋・母家	おもや			●
母さん	かあさん	●		
神楽	かぐら			●
河岸	かし			●
鍛冶	かじ		●	
風邪	かぜ		●	

語	読み	小	中	高
固唾	かたず			●
仮名	かな		●	
蚊帳	かや			●
為替	かわせ		●	
河原・川原	かわら	●		
昨日	きのう	●		
今日	きょう	●		
果物	くだもの	●		
玄人	くろうと			●
今朝	けさ	●		
景色	けしき	●		
心地	ここち		●	

語	読み	小	中	高
居士	こじ			●
今年	ことし	●		
早乙女	さおとめ			●
雑魚	ざこ			●
桟敷	さじき			●
差し支える	さしつかえる		●	
五月	さつき		●	
早苗	さなえ		●	
五月雨	さみだれ		●	
時雨	しぐれ		●	
尻尾	しっぽ		●	
竹刀	しない		●	
老舗	しにせ		●	
芝生	しばふ		●	
清水	しみず	●		
三味線	しゃみせん		●	
砂利	じゃり		●	

語	読み	小	中	高
数珠	じゅず			●
上手	じょうず	●		
白髪	しらが			●
素人	しろうと			●
師走	しわす（しはす）			●
数寄屋・数奇屋	すきや			●
相撲	すもう		●	
草履	ぞうり		●	
山車	だし			●
太刀	たち		●	
立ち退く	たちのく	●		
七夕	たなばた	●		
足袋	たび		●	
稚児	ちご			●
一日	ついたち	●		
築山	つきやま			●
梅雨	つゆ		●	

語	読み	小	中	高
凸凹	でこぼこ			●
手伝う	てつだう	●		
伝馬船	てんません			●
投網	とあみ			●
父さん	とうさん	●		
十重二十重	とえはたえ			●
読経	どきょう			●
時計	とけい	●		
友達	ともだち	●		
仲人	なこうど			●
名残	なごり		●	
雪崩	なだれ		●	
兄さん	にいさん	●		
姉さん	ねえさん	●		
野良	のら			●
祝詞	のりと			●
博士	はかせ	●		

語	読み	小	中	高
二十・二十歳	はたち	●		
二十日	はつか	●		
波止場	はとば		●	
一人	ひとり	●		
日和	ひより	●		
二人	ふたり	●		
二日	ふつか	●		
吹雪	ふぶき		●	
下手	へた	●		
部屋	へや	●		
迷子	まいご	●		
真面目	まじめ	●		
真っ赤	まっか	●		
真っ青	まっさお	●		
土産	みやげ		●	
息子	むすこ		●	
眼鏡	めがね	●		

語	読み	小	中	高
猛者	もさ			●
紅葉	もみじ		●	
木綿	もめん		●	
最寄り	もより		●	
八百長	やおちょう			●
八百屋	やおや	●		
大和	やまと		●	
弥生	やよい		●	
浴衣	ゆかた			●
行方	ゆくえ		●	
寄席	よせ			●
若人	わこうど		●	

付表2

語	読み	小	中	高
愛媛	えひめ	●		
茨城	いばらき	●		
岐阜	ぎふ	●		
鹿児島	かごしま	●		
滋賀	しが	●		
宮城	みやぎ	●		
神奈川	かながわ	●		
鳥取	とっとり	●		
大阪	おおさか	●		
富山	とやま	●		
大分	おおいた	●		
奈良	なら	●		

二とおりの読み

「常用漢字表」（平成22年）本表備考欄による。

片仮名は音読み、平仮名は訓読みを示す。

漢字	読み	備考
遺	ユイ	「遺言」は、「イゴン」とも。
奥	オウ	「奥義」は、「おくぎ」とも。
堪	カン	「堪能」は、「タンノウ」とも。
吉	キチ	「吉日」は、「キツジツ」とも。
兄	キョウ	「兄弟」は、「ケイテイ」と読むこともある。
甲	カン	「甲板」は、「コウハン」とも。
合	ガッ	「合点」は、「ガテン」とも。
昆	コン	「昆布」は、「コブ」とも。
紺	コン	「紺屋」は、「コウや」とも。
詩	シ	「詩歌」は、「シイカ」とも。
七	なの	「七日」は、「なぬか」とも。
若	ニャク	「老若」は、「ロウジャク」とも。

漢字	読み	備考
寂	セキ	「寂然」は、「ジャクネン」とも。
主	ス	「法主」は、「ホウシュ」、「ホッシュ」とも。
十	ジッ	「十」は、「ジュッ」とも。
緒	チョ	「情緒」は、「ジョウショ」とも。
憧	ショウ	「憧憬」は、「ドウケイ」とも。
数	ス	「人数」は、「ニンズウ」とも。
贈	ソウ	「寄贈」は、「キゾウ」とも。
側	がわ	「側」は、「かわ」とも。
唾	つば	「唾」は、「つばき」とも。
着	ジャク	「愛着」、「執着」は、「アイチャク」、「シュウチャク」とも。
貼	チョウ	「貼付」は、「テンプ」とも。

156

二とおりの読み

漢字	読み	備考
難	むずかしい	「むつかしい」とも。
泌	ヒツ	「分泌」は、「ブンピツ」とも。
富	フウ	「富貴」は、「フッキ」とも。
文	モン	「文字」は、「モジ」とも。
法	ホッ	「法主」は、「ホウシュ」とも。
望	モウ	「大望」は、「タイボウ」とも。
頰	ほお	「頰」は、「ほほ」とも。
末	バツ	「末子」、「末弟」は、「マッシ」、「マッテイ」とも。
免	まぬかれる	「まぬがれる」とも。
妄	ボウ	「妄言」は、「モウゲン」とも。
目	ボク	「面目」は、「メンモク」とも。
問	とん	「問屋」は、「といや」とも。
礼	ライ	「礼拝」は、「レイハイ」とも。

157

注意すべき読み

「常用漢字表」（平成22年）本表備考欄による。

片仮名は音読み、平仮名は訓読みを示す。

漢字	読み	備考
位	イ	「三位一体」、「従三位」は、「サンミイッタイ」、「ジュサンミ」。
羽	は	用語例＝一羽（わ）、三羽（ば）、六羽（ぱ） 「羽（は）」は、前に来る音によって「わ」、「ば」、「ぱ」になる。
雨	あめ	「春雨」、「小雨」、「霧雨」などは、「はるさめ」、「こさめ」、「きりさめ」。
縁	エン	「因縁」は、「インネン」。
王	オウ	「親王」、「勤王」などは、「シンノウ」、「キンノウ」。
応	オウ	「反応」、「順応」などは、「ハンノウ」、「ジュンノウ」。
音	オン	「観音」は、「カンノン」。
穏	オン	「安穏」は、「アンノン」。
皇	オウ	「天皇」は、「テンノウ」。
上	ショウ	「身上」は、「シンショウ」と「シンジョウ」とで、意味が違う。
把	ハ	用語例＝一把（ワ）、三把（バ）、十把（パ） 「把（ハ）」は、前に来る音によって「ワ」、「バ」、「パ」になる。

都道府県名

地図（都道府県番号配置図）

16	15	14	13	12	11	10	9	8	7	6	5	4	3	2	1
富山県 とやま	新潟県 にいがた	神奈川県 かながわ	東京都 とうきょうと	千葉県 ちば	埼玉県 さいたま	群馬県 ぐんま	栃木県 とちぎ	茨城県 いばらき	福島県 ふくしま	山形県 やまがた	秋田県 あきた	宮城県 みやぎ	岩手県 いわて	青森県 あおもりけん	北海道 ほっかいどう

32	31	30	29	28	27	26	25	24	23	22	21	20	19	18	17
島根県 しまね	鳥取県 とっとり	和歌山県 わかやま	奈良県 なら	兵庫県 ひょうご	大阪府 おおさか	京都府 きょうとふ	滋賀県 しが	三重県 みえ	愛知県 あいち	静岡県 しずおか	岐阜県 ぎふ	長野県 ながの	山梨県 やまなし	福井県 ふくい	石川県 いしかわ

47	46	45	44	43	42	41	40	39	38	37	36	35	34	33
沖縄県 おきなわ	鹿児島県 かごしま	宮崎県 みやざき	大分県 おおいた	熊本県 くまもと	長崎県 ながさき	佐賀県 さが	福岡県 ふくおか	高知県 こうち	愛媛県 えひめ	香川県 かがわ	徳島県 とくしま	山口県 やまぐち	広島県 ひろしま	岡山県 おかやま

24

ここからえらぼう
議・魚・材・指・実・集
親・星・代・白・服

ヒント
①一つの場所にたくさん
　より合うこと。
②作品や話し合いの中心
　になるもの。
③まわりの人が言うよい
　うわさと本当の様子。
④入れかわること。

クイズであそぼ！③
答え　群集→集会→会議→議題→題材→材木→木星→
　　　星空→空白→白衣→衣服→服薬→薬指→指名→
　　　名実→実母→母親→親交→交代→代金→金魚→
　　　魚群

クイズであそぼ！④
答え　①願　②観　③季　④課　⑤管　⑥関

クイズであそぼ！⑤
答え　①帰　②用　③親

クイズであそぼ！⑥
答え　①景　②信　③節

クイズであそぼ！⑦
答え　笛・答・等・箱・笑　（順不同）

クイズであそぼ！⑧
答え　①低　②特

◆漢字の画数を数えると？の答え◆

答え　望

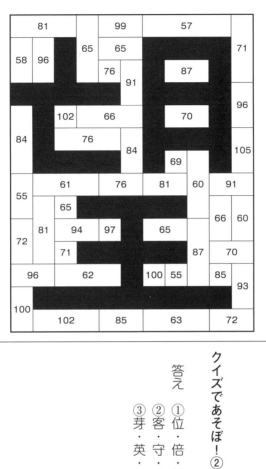

	81		99		57		
58	96		65	65			71
			76			87	
				91			96
		102	66			70	
84		76					105
				84		69	
	55	61	76	81	60	91	
		65				66	60
72	81	94	97	65			
		71			87	70	
	96	62		100	55	85	
							93
100	102	85	63	72			

◆クイズであそぼ！の答え◆

クイズであそぼ！①

答え　①愛　②塩　③街　④議　⑤旗　⑥潟

クイズであそぼ！②

答え
①位・倍・億・他
②客・守・官・害
③芽・英・茨・荷

20	19	18	17	16	15	14	13	12	11
おび	たば	じてん	こくさん	だいざい	うしな	すだ	ふうけい	む	がいとう

(三) 漢字えらび（記号）(20)

2×10

10	9	8	7	6	5	4	3	2	1
イ	ウ	ア	ウ	ア	イ	ア	イ	イ	ウ

(六) 対義語（一字）(10)

2×5

5	4	3	2	1
徒	席	差	副	無

10	9	8	7	6	5	4	3
ア	イ	イ	イ	ア	イ	ア	イ

(八) 同じ部首の漢字 (20)

2×10

	ウ				イ			ア	
10	9	8	7	6	5	4	3	2	1
辺	達	選	連	努	労	勇	敗	改	散

(十) じゅく語作り（記号）(20)

2×10

	五		四		三		二		一
10	9	8	7	6	5	4	3	2	1
ウ	ア	エ	イ	ア	イ	オ	ア	イ	オ

20	19	18	17	16	15	14	13	12	11
笑	側	億	覚	芸	焼	特	録	観	賀

漢検 7 級 漢字学習ステップ 改訂四版

2024 年 2 月 20 日　第 1 版第 4 刷　発行
編　著　公益財団法人 日本漢字能力検定協会
発行者　山崎　信夫
印刷所　三松堂株式会社
製本所　株式会社 渋谷文泉閣

発行所　公益財団法人 日本漢字能力検定協会
　　　　〒605-0074　京都市東山区祇園町南側 551 番地
　　　　☎(075) 757-8600
　　　　ホームページ https://www.kanken.or.jp/
　　　　ⒸThe Japan Kanji Aptitude Testing Foundation 2020
　　　　Printed in Japan
　　　　ISBN978-4-89096-407-9 C0081

公益財団法人 日本漢字能力検定協会

改訂四版

漢検 漢字学習
ステップ

漢検

ひょう じゅん かい とう
標準解答

べっ さつ
別冊

7級

ひょうじゅんかいとう
「標準解答」は、
別冊になっています。
とりはずして使って
ください。

ひょうじゅんかいとう
※「標準解答」をとじているはり金でけがをしないよう、
気をつけてください。

漢検 公益財団法人 日本漢字能力検定協会

700407 (1-4)

ステップ 1

P.12
1
1 くらい　2 あんない　3 はくい
4 いじょう　5 あいよう　6 えいご
7 えいこう　8 すいい　9 やじるし
10 いばら
11 いん
12 い

P.13
2
1 オ・ア　2 イ・ウ　3 オ・エ
4 オ・ア
5 オ・イ

3
1 8
3 2
　2
　36
　6
4 10
5 6

6 3
7 10
8 2
9 5
10 6

P.14
4
1 愛読　2 栄
5 方位　6 図案
9 印　10 栄

3 印　4 衣服
7 英　8 位
11 以上　12 愛犬

ステップアップメモ
印字 プリンターなどで文字を印刷すること。
衣食 着るものとたべるもの。
図案（ずあん） 絵や図についての考えを書きだしたもの。

ステップ 2

P.16
1
1 えひめ　2 は　3 おかやま
4 か　5 えんぶん　6 くわ
7 ひゃっかてん　8 め　9 さんおく
10 しお
11 ほうかご　12 かにゅう

P.17
2
1 英・苦・荷・葉　2 栄・果・案・業
3 代・仕・億・倍
4 課・調・談

3
1 イ　2 ア　3 イ　4 ア　5 イ
6 ア　7 ア　8 イ　9 イ　10 ア

P.18
4
1 貨物　2 果実
5 発芽　6 課題
9 食塩　10 金貨

3 新芽　4 加工
7 果　8 加工
11 億　12 塩

ステップアップメモ
百貨店（ひゃっかてん） いろいろな物を売っている大きな店。デパート。
消印（けしいん） 切手などが使われた証明におす日付入りの印。
青菜に塩（あおなにしお） 塩をふりかけられた緑色の葉の野菜のように、元気がなくてしおれている様子。

2

ステップ ③

P.20 【1】
1 さ
2 かいせい
3 まちかど
4 が
5 かい
6 かっこく
7 しがいち
8 あらた
9 にいがた
10 かくち
11 かんぜん
12 ひゃくがい

P.21 【2】
1 かい
2 あらた
3 すいい
4 くらい
5 がいとう
6 まち
7 いん
8 やじるし
9 きてき
10 くちぶえ
11 じかく
12 おぼ

P.22 【3】
1 配
2 短
3 登
4 苦
5 曲
6 全

【4】
1 街
2 改
3 械
4 水害
5 各自
6 感覚
7 有害
8 完
9 年賀
10 目覚
11 改
12 覚

ステップアップメモ
百害(ひゃくがい)あって一利(いちり)なし 悪いことばかりで、一つもいい部分がないこと。

ステップ ④

P.24 【1】
1 がいかん
2 かんり
3 しゅつがん
4 かんけい
5 がいこうかん
6 き
7 かんこう
8 き
9 せきしょ
10 かか
11 てくだ
12 ねが

P.25 【2】
以→衣→岐→官→案→械→愛→管→億→薬→観→願

【3】
1 ウ
2 エ
3 イ
4 ア
5 ウ
6 イ
7 エ
8 ア

P.26 【4】
1 願
2 長官
3 四季
4 関
5 悲願
6 管
7 希
8 観客
9 管
10 願書
11 関心
12 関

ステップアップメモ
手練手管(てれんてくだ) 「手練」も「手管」も人をだます方法の意。
希少価値(きしょうかち) わずかしかなく、手に入らないことから生じるねうち。
関の山(せきのやま) これ以上はできないというぎりぎりのところ。

ステップ⑤

P.28 1
1 きゅうしょく
2 きょう
3 はた
4 もと
5 きかんしゃ
6 な
7 こっき
8 ぎだい
9 がっき
10 きゅうじん
11 はいきゅう
12 きかい

P.29 2
1 エ・イ
2 オ・ウ
3 ウ・ア
4 オ・エ
5 オ・エ

3
1 ア
2 イ
3 イ
4 ア
5 イ
6 ア
7 ア
8 イ
9 イ
10 ア

P.30 4
1 旗
2 給油
3 機
4 器
5 議
6 国旗
7 追求
8 機械
9 泣
10 会議
11 求
12 泣

ステップアップメモ
追求（ついきゅう） 手に入れたいものをどこまでも追い求めること。
泣きっつらにはち 悪い事やこまる事が重なること。

力だめし 第1回

P.31 1
1 にっか
2 うき
3 まちかど
4 さんい
5 おくねん
6 きんか
7 はつが
8 ちょういん
9 しるし
10 あん

2
1 7
2 6
3 4
4 4
5 6
6 6
7 12
8 15
9 8
10 13

P.32 3
1 覚える
2 温める
3 加える
4 短く
5 改まっ
6 願い
7 関わる
8 栄える
9 求める
10 覚ます

4
1 愛犬
2 賀
3 害虫
4 完全
5 以前
6 機
7 管
8 観光
9 給食
10 泣

ステップアップメモ
案ずるより産むがやすし（あん） 物事は実行してしまえば、心配していたほど大変ではないものだ。

ステップ 6

P.36 【1】
1 くまもと
2 きょうつうご
3 さんめんきょう
4 きよしゅ
5 きょうえい
6 りょう
7 あ
8 ぎょぎょう
9 きょうぎ
10 ともぐ
11 なんきょく
12 かがみ

P.37 【2】
1 漁・泣・決・温
2 極・機・植・根
3 鏡・鉄・銀
4 完・官・安・実

P.38 【3】
1 ア
2 イ
3 ウ
4 ア
5 イ
6 イ
7 ウ

P.38 【4】
1 鏡
2 共同
3 北極
4 競馬
5 大漁
6 協力
7 挙
8 鏡
9 挙
10 共
11 競走
12 漁船

ステップアップメモ
北極星（ほっきょくせい）
星の名前。常（つね）に真北に見えるので、方角を知る手がかりになる。

ステップ 7

P.40 【1】
1 くん
2 けいひん
3 む
4 か
5 ぐんじん
6 ぐんぶ
7 ぐんて
8 くんれん
9 ぐんま
10 ちょっけい
11 けつじょう
12 げい

P.41 【2】
1 3
2 4
3 10
4 14
5 4
6 7
7 13
8 20
9 20
10 15

P.42 【3】
1 案
2 景
3 芸
4 貨
5 械
6 観

P.42 【4】
1 軍配
2 出欠
3 芸
4 群
5 欠
6 景色
7 群
8 郡部
9 半径
10 教訓
11 夜景
12 曲芸

ステップアップメモ
芸は身を助ける（げいはみをたすける）
何かすぐれているものがあれば、こまっている時にそれが自分を助けることになる。

軍配を上げる（ぐんばいをあげる）
すもうで、行司（ぎょうじ）が勝った力士（りきし）をうちわにた道具で指ししめすこと。勝ち判定（はんてい）を下す。

ステップ 8

P.44 ①
1 むす
2 きょうけん
3 かた
4 こうぶつ
5 た
6 かがわ
7 じっけん
8 けんこく
9 てんこう
10 こたい
11 この
12 こう

P.45 ②
1 役・径・後・待
2 顔・題・願・頭
3 管・第・等・箱
4 結・給・終・緑

③
1 ウ
2 イ
3 ア
4 ウ
5 ウ
6 イ
7 イ
8 ウ

P.46 ④
1 気候
2 健全
3 建物
4 結果
5 好
6 建
7 功
8 結
9 友好
10 香
11 体験
12 固

ステップアップメモ

新緑（しんりょく）初夏に見られる、若葉の緑のこと。

けがの功名（こうみょう）何気なく行ったことが、思いがけなく手がらになること。まちがってやったことが、かえってよい結果を生むこと。

ステップ 9

P.48 ①
1 さいしゅう
2 さんさい
3 しょうこう
4 しゅざい
5 さが
6 もっと
7 こうさ
8 さくや
9 な
10 さいたま
11 さ
12 ながさき

P.49 ②
1 好む
2 群がる
3 建てる
4 覚える
5 固い
6 欠ける
7 加わる
8 結ぶ
9 求める
10 改める

③
1 ア
2 ウ
3 イ
4 エ
5 ウ
6 イ
7 エ
8 ア

P.50 ④
1 野菜
2 最後
3 大差
4 材
5 昨日
6 差
7 健康
8 差
9 菜
10 材木
11 昨年
12 最

ステップアップメモ

小康（しょうこう）病気が進行しないこと。少しよくなること。

最中（さいちゅう）物事をさかんに行っている、まさにその時だということ。

ステップ⑩

P.52 ①
1 う
2 ざんぎょう
3 ひょうさつ
4 のこ
5 こくさん
6 ふだ
7 まい
8 はっさん
9 す
10 さっ
11 さんこうしょ
12 ち

P.53 ②
1 泣
2 固
3 差
4 散
5 昨
6 康

③
1 ア
2 ア
3 イ
4 イ
5 ウ
6 イ
7 ウ

P.54 ④
1 改札
2 散歩
3 観察
4 残暑
5 参加
6 名産
7 札
8 残
9 印刷
10 参
11 散
12 残

ステップアップメモ

平行（へいこう）
同じ平面上の二つの直線、または平面をどこまでのばしても、交わらないこと。

交差（こうさ）
二つ以上の線、または線のようなものが、十文字ややななめに交わること。

力だめし 第2回

P.55 ①
1 こうけい
2 かた
3 きょうりょく
4 あ
5 ぐんい
6 かくん
7 すいがい
8 いぜん
9 こうき
10 はた

P.56 ②
1 ア
2 イ
3 ア
4 ア
5 ア
6 イ
7 イ
8 ア
9 ア
10 ア

③
1 転がっ
2 関わる
3 群れる
4 全て
5 注ぐ
6 最も
7 改める
8 等しい
9 温め
10 代わっ

P.57 ④
1 芽
2 苦
3 荷
4 完
5 宿
6 定
7 熊
8 点
9 頭
10 願

⑤
1 ア・ウ
2 イ・エ
3 ウ・オ
4 ア・エ
5 イ・ウ

⑥
1 6
2 4
3 5
4 6
5 9
6 8
7 6
8 11
9 9
10 7

7

1 イ 　2 ア 　3 ウ 　4 ア 　5 ウ

8

1 欠点 　2 健康 　3 直結 　4 残
5 一目散 　6 給水 　7 香 　8 差
9 建 　10 好

ステップアップメモ

全力を挙げる　全ての力を出しつくすこと。この場合には「上げる」ではなく「挙げる」と書く。

家訓　その家に代々つたわる教え・いましめ。

一目散　わき目もふらずに走る様子。

ステップ **11**

1 P.62

1 ししょ 　2 おさ 　3 しぞく
4 かごしま 　5 しゅじい 　6 しが
7 あいじ 　8 しあい 　9 ちすい
10 じしょ 　11 こころ 　12 なお

2 P.63

1 兄・元・光・児 　2 漁・注・治・油
3 械・材・札・柱 　4 記・議・課・試

3

1 ア 　2 カ 　3 ウ 　4 オ
5 ク 　6 エ 　7 イ 　8 キ

4 P.64

1 治 　2 式辞 　3 治安 　4 入試
5 司会 　6 鹿 　7 児童 　8 氏名
9 治 　10 試食 　11 試 　12 上司

ステップアップメモ

司書　図書館の本を管理する仕事や、その人。

氏族　同じ祖先をもつ人々の集まり。

式辞　式でのべるあいさつの言葉。

治安　国や社会が治まっていておだやかであること。

ステップ 12

P.66
1
1 しつれい
2 まわ
3 まつ
4 たね
5 しゃくよう
6 はじ
7 しゅくじつ
8 みうしな
9 じゅんちょう
10 しゅう
11 か
12 しょしん

P.67
2
1 順

2 菜

3 初

4 種

P.67
3
1 健

2 初

3 昨

4 差

5 直

6 散

P.68
4
1 失
2 祝
3 初歩
4 周
5 松
6 借
7 順路
8 品種
9 初雪
10 借金
11 松林
12 祝電

ステップ 13

P.70
1
1 がっしょう
2 じしん
3 ゆうや
4 て
5 かしん
6 しろ
7 なわ
8 とな
9 つうしん
10 みやぎ
11 しょうめい
12 わら

P.71
2
1 借りる
2 試みる
3 参る
4 散らかす
5 正
6 祝う
7 治まる
8 周り
9 焼ける
10 失う

P.71
3
1 唱
2 消
3 照
4 章
5 正
6 小
7 商
8 少
9 昭
10 勝

P.72
4
1 大笑
2 照
3 暗唱
4 城
5 焼
6 大臣
7 縄
8 唱
9 信号
10 城下
11 日照
12 笑

ステップ 14

P.74 1
1 かんせい
2 きよ
3 はんせい
4 つ
5 せいりゅう
6 ふくい
7 せつぶん
8 しず
9 けっせき
10 はぶ
11 お
12 ふし

P.75 2
1 ウ
2 イ
3 ウ
4 ア
5 ウ
6 イ
7 ウ
8 ウ

3
1 せいこう
2 な
3 しゅくじつ
4 いわ
5 せいさん
6 きよ
7 せきせつ
8 つ
9 こうじんぶつ
10 この
11 せいでんき
12 しず

P.76 4
1 省
2 空席
3 面積
4 右折
5 節水
6 成果
7 清書
8 安静
9 折
10 井戸
11 静
12 積

ステップアップメモ

菜種（なたね）　菜（アブラナ）の種。

清算（せいさん）　貸し借りを計算し、あと始末をつけること。

ステップ 15

P.78 1
1 たたか
2 えら
3 きょうそう
4 せつめい
5 とおあさ
6 てんねん
7 かんせん
8 くら
9 すばこ
10 あらそ
11 と
12 しぜん

P.79 2
1 ア
2 ウ
3 イ
4 ウ
5 ウ
6 イ
7 ア

3
1 成
2 選
3 戦
4 節

P.80 4
1 小説
2 選
3 天然
4 戦
5 倉庫
6 争
7 自然
8 巣立
9 戦争
10 選手
11 説
12 浅

ステップアップメモ

競争（きょうそう）　勝ち負けなどをきそい合うこと。

競走（きょうそう）　一定の長さを走り、その速さをきそうこと。

天然（てんねん）　人の手が加わらない、自然のままの状態。　対 人工

浅い川も深くわたれ（あさいかわもふかくわたれ）　浅い川でも深い川と同じように、気を配ってわたらないとあぶないということ。

力だめし 第3回

1 （P.81）

1 いくじ
2 こうきょう
3 わら
4 だいじん
5 しろ
6 せき
7 がっしょう
8 せいりゅう
9 かんせつ
10 たね

2 （P.82）

1 3
2 3
3 4
4 7
5 4
6 9
7 7
8 14
9 9
10 13

3 （P.82）

1 ア
2 ア
3 イ
4 イ
5 ア
6 イ
7 イ
8 ア
9 ア
10 イ

4

1 借りる
2 唱える
3 選ぶ
4 照らす
5 静かな
6 争う
7 戦う
8 失う
9 試みる
10 清らかな

5 （P.83）

1 器
2 周
3 司
4 治
5 浅
6 漁
7 種
8 積
9 議
10 説

6

1 エ・オ
2 ウ・イ
3 オ・ア
4 エ・オ
5 ア・イ

7 （P.84）

1 ウ
2 イ
3 ア
4 ウ
5 イ

8

1 祝電
2 塩焼
3 径
4 松
5 反省
6 縄
7 鹿
8 巣箱
9 整然
10 折

ステップアップメモ

整然（せいぜん）
しっかりと整えられていること。

まかぬ種は生えぬ（たね・は）
原因がなければ結果も生じないということ。努力もせずに良い結果は得られないという意味で使われる。

ステップ **16**

P.88
1
1 そく
2 たいれつ　3 じぞく
4 まご　5 はいたつ　6 りょうがわ
7 そつえん　8 さつたば　9 いったい
10 つづ　11 しそん　12 おび

P.89
2
1 唱　2 照　3 選　4 先　5 成
6 省　7 産　8 参　9 帯　10 隊

3
1 戦争　2 笑　3 卒業　4 着席
5 自然　6 続行　7 浅　8 最初

P.90
4
1 一帯　2 卒業　3 隊　4 側面
5 発達　6 続出　7 束　8 右側
9 孫　10 続　11 帯　12 花束

ステップアップメモ

人工（じんこう）
　人間が手を加えること。
　対 自然・天然

温帯（おんたい）
　熱帯（ねったい）と寒帯（かんたい）の間にある、温暖（おんだん）な地帯。四季の区別（くべつ）があるのが特徴（とくちょう）。

ステップ **17**

P.92
1
1 おきなわ　2 たんい　3 かいてい
4 おき　5 いっちょう　6 ひく
7 なかなお　8 そこ　9 おきもの
10 ていくう　11 なか　12 ほうち

P.93
2
1 カ　2 ウ　3 オ　4 ア
5 ク　6 エ　7 キ　8 イ

3
1 上達・達成・速達
2 単語・単身・単調
3 根底・底力・船底
4 安置・位置・配置
5 低温・高低・低地
（順不同）

P.94
4
1 沖　2 底　3 前兆　4 置
5 最低　6 単元　7 仲間　8 地底
9 低　10 位置　11 単線　12 兆

ステップアップメモ

前兆（ぜんちょう）
　何かが起こる前ぶれ。

ステップ 18

P.96 【1】
1 まと
2 でんせつ
3 どりょく
4 はたら
5 がいとう
6 つた
7 とほ
8 とくだい
9 じてん
10 つと
11 てきちゅう
12 とうだい

P.97 【2】
1 イ
2 イ
3 ア
4 イ
5 イ
6 ア
7 イ
8 イ
9 ア
10 ア

P.98 【3】
1 生徒
2 低下
3 欠席
4 天然
5 低温
6 海底
7 成功
8 最低
9 卒業
10 着席

P.98 【4】
1 伝記
2 特集
3 式典
4 灯油
5 伝
6 徒
7 努
8 働
9 的外
10 電灯
11 目的
12 努力

ステップアップメモ

灯台もと暗し　身近なことほど、かえって見落としがちであることのたとえ。

伝記　人物の一生について書かれた記録。

的外れ　大事な点からはずれていること。

ステップ 19

P.100 【1】
1 とくしま
2 なら
3 やまなし
4 とちぎ
5 ねったいぎょ
6 ざんねん
7 かんぱい
8 ばいう
9 うめ
10 かながわ
11 にゅうねん
12 あつ

P.101 【2】
1 低い
2 清らかな
3 続く
4 笑う
5 働く
6 伝わる
7 焼ける
8 争う
9 省く
10 唱える
11 折れる
12 束ねる

P.102 【3】
1 カ
2 オ
3 エ
4 ア
5 ウ
6 ク
7 キ
8 イ

P.102 【4】
1 道徳
2 記念
3 梅
4 奈落
5 熱中
6 栃
7 梅
8 念願
9 梨
10 敗
11 失敗
12 熱

ステップアップメモ

梅雨　六月ごろ長くふり続く雨。またその季節。つゆ。

ステップ⑳

P.104
1

1 はくぶつかん　2 ひっしょう　3 ぶきみ
4 ふつう　5 せきはん　6 おおさか
7 ひょうほん　8 かなら　9 ひらい
10 でんぴょう

11 めし

12 と

P.105
2

1 標高・標的・道標
3 開票・票決・白票
5 加熱・熱湯・高熱

2 不順・不漁・不足
4 記念・残念・信念
（順不同）

3

1 9
6 6

2 7
7 9

3 3
8 15

4 10
9 13

5 4
10 9

P.106
4

1 目標
5 飯
9 飛

2 必
6 博学
10 投票

3 飛行
7 標語
11 不足

4 不思議
8 必死
12 夕飯

ステップアップメモ

標語
　言いたいことをわかりやすく表した言葉。

博学
　いろいろな物事を広く知っていること。

白票
　何も記入されず投票された投票用紙。

力だめし 第4回

P.107
1

1 たんぱつ　2 どうとく　3 なわ
4 じてん　5 はたら　6 たば
7 ならく　8 ちょうこう　9 とち
10 たね

P.108
2

1 8
6 10

2 4
7 8

3 8
8 9

4 7
9 14

5 4
10 13

3

1 イ
6 イ

2 ア
7 ア

3 イ
8 イ

4 ア
9 ア

5 ア
10 イ

P.109
4

1 伝える
5 努める
9 固める

2 浅い
6 働い
10 結ぶ

3 照らす
7 戦う

4 選ぶ
8 必ず

5

1 ウ・イ
4 オ・ア

2 イ・エ
5 オ・ウ

3 エ・ア

P.110
6

1 低
6 然

2 敗
7 初

3 散
8 続

4 交
9 徒

5 席
10 卒

7

1 ウ
2 イ
3 ア
4 ウ
5 イ

8

1 不思議
5 沖
9 熱

2 標本
6 上達
10 梨

3 仲間
7 目的

4 持続
8 安置

ステップ21

P.114 ①

1 ふくかいちょう
2 あた
3 ふじん
4 きしべ
5 ぶんべつ
6 うけつけ
7 へいき
8 しゅうへん
9 ふ
10 ぎふ
11 と
12 わか

P.115 ②

1 オ
2 カ
3 ア
4 ク
5 キ
6 イ
7 ウ
8 エ

③

1 ア
2 ア
3 イ
4 ア
5 イ
6 ア
7 イ
8 ア
9 ア
10 イ

P.116 ④

1 富
2 夫
3 海辺
4 付近
5 特別
6 府県
7 水兵
8 辺
9 富
10 副
11 近辺
12 付

ステップアップメモ

分別（ぶんべつ）
分別（ふんべつ）

「分別」は読み方によって意味がかわります。文脈に注意して、どちらが正しいか考えましょう。
種類によって分けること。
物事のよい悪いをわきまえ、考えて決めること。

ステップ22

P.118 ①

1 のぞ
2 へんか
3 まんてん
4 べつびん
5 ほうたい
6 ぼくそう
7 さほう
8 いちぼう
9 か
10 すえ
11 み
12 たよ

P.119 ②

1 変
2 辺
3 夫
4 不
5 副
6 福
7 特
8 徳
9 低
10 底

③

1 望
2 隊
3 徒
4 不
5 的
6 熱
7 博
8 戦
9 極
10 副

P.120 ④

1 満開
2 不便
3 末
4 望遠
5 変
6 方法
7 満
8 牧場
9 便
10 週末
11 包
12 急変

ステップアップメモ

便りのないのはよい便り

便（たよ）りのないものだから、手紙が来ないのは無事である証拠という意味。人はなかなか手紙を書かない

ステップ 23

P.122 ①
1 みんしゅく
2 いさ
3 えいよう
4 ぶじ
5 みらい
6 じゅうみん
7 やく
8 むすう
9 やしな
10 ひつよう
11 ゆうしゃ
12 な

P.123 ②
1 イ
2 ウ
3 ウ
4 イ
5 ア
6 ア
7 イ

③
1 勇ましい
2 必ず
3 辺り
4 別れる
5 帯びる
6 包む
7 飛ばす
8 満たす
9 付ける
10 敗れる
11 最も
12 熱い

P.124 ④
1 無名
2 予約
3 養
4 勇気
5 民芸
6 要
7 無
8 要点
9 未然
10 勇
11 無理
12 養分

ステップアップメモ

静養(せいよう) 心や体を静かに休めること。

不意(ふい) 思いもよらないこと。とつぜん。

勇む(いさむ) 物事に対して張り切ること。

ステップ 24

P.126 ①
1 よくしつ
2 はか
3 すいりょう
4 りよう
5 わ
6 じょうりく
7 みずあ
8 いるい
9 よ
10 ざいりょう
11 いちりんしゃ
12 りょうやく

P.127 ②
1 ほうちょう
2 つつ
3 ゆうき
4 いさ
5 ひつよう
6 かなめ
7 かいすいよく
8 あ
9 けつまつ
10 すえ
11 かいりょう
12 なかよ

③
1 ア
2 イ
3 ア
4 ア
5 イ
6 イ
7 ア
8 ア
9 ア
10 イ

P.128 ④
1 便利
2 量
3 浴
4 仲良
5 大輪
6 料理
7 浴
8 分類
9 音量
10 着陸
11 指輪
12 良心

ステップアップメモ

良薬は口に苦し(りょうやく……くち……にがし) 自分のためを思ってしてくれる注意は、聞くのがつらいものだということ。

16

ステップ 25

P.130 ①
1 つめ
2 ろくおん
3 れんじつ
4 たと
5 ろうどう
6 ごうれい
7 ろうか
8 さ
9 かんれい
10 つら
11 れいぶん
12 お

P.131 ②
1 浴びる
2 栄える
3 養う
4 挙げる
5 冷える
6 包む
7 例える
8 量る
9 連ねる
10 願う
11 満ちる
12 望む

P.132 ③
1 休養・静養・養分
2 冷害・冷気・冷静
3 老人・長老・老犬
4 料金・原料・給料
5 衣類・種類・分類
（順不同）

④
1 命令
2 録画
3 冷
4 長老
5 例年
6 連
7 底冷
8 老
9 例
10 記録
11 連休
12 苦労

ステップアップメモ
長老（ちょうろう）　年を取り、いろいろな経験（けいけん）を積んでいる人。
底冷え（そこびえ）　体のしんまで冷えるような寒さ。

力だめし 第5回

P.133 ①
1 さいてん
2 と
3 ふけん
4 おっと
5 お
6 きしべ
7 へいき
8 とうゆ
9 ねっせん
10 や

②
1 5
2 4
3 10
4 3
5 7
6 13
7 7
8 5
9 12
10 5

P.134 ③
1 法
2 満
3 浴
4 未
5 末
6 束
7 利
8 副
9 刷
10 別

④
1 けいりょう
2 はか
3 きゅうふ
4 つ
5 ほうちょう
6 つつ
7 かいりょう
8 よ
9 しょうめい
10 て

P.135 ⑤
1 録画・登録・目録
2 重要・要求・要約
3 栄養・養分・休養
4 司令・指令・命令
5 風景・景観・夜景
（順不同）

6
1 陸
2 望
3 未
4 副
5 低
6 末
7 冷
8 利
9 無
10 必

7 P.136
1 副
2 福
3 料
4 両
5 林
6 輪
7 法
8 放
9 変
10 返

8
1 放牧
2 苦労
3 連
4 冷
5 特別
6 例
7 住民
8 老
9 便利
10 類

ステップアップメモ

焼け石に水　少しばかりの手助けでは、全く役に立たないことのたとえ。

量る　重さや容積などを調べること。

計る　時間などを計算すること。

司令　軍隊などをひきいて、指図すること。

指令　指図や命令をすること。

主食　ふだんの食事で中心となる食べ物。日本では米やパンなど。

副食　主食にそえて食べるもの。

類は友をよぶ　趣味や考え方が似た人は、自然と寄り集まるものだということ。

◆コラムの答え◆

ステップ12
今日―きょう
明日―あす
昨日―きのう
今朝―けさ
果物―くだもの
景色―けしき

ステップ15
1 億　2 議案

ステップ18
1 すわる⇔立つ・ねる⇔起きる
左折⇔右折・黒星⇔白星
2 草食―肉食・全体―部分

7級 総まとめ 標準解答

(一) 読み (20)

10	9	8	7	6	5	4	3	2	1
か	かお	あ	あんがい	そつぎょう	いど	め	あ	いちりん	てんねん

1×20

(二) 読み (10)

10	9	8	7	6	5	4	3	2	1
のこ	ざんねん	はじ	しょしん	つた	でんき	くわ	かねつ	す	ゆうこう

1×10

(五) 音読み・訓読み（記号）(20)

2	1
ア	ア

2×10

(四) 画数（算用数字）(10)

10	9	8	7	6	5	4	3	2	1
総画数					何画目				
18	9	12	20	10	4	5	3	6	5

1×10

(七) 漢字と送りがな（ひらがな）(14)

7	6	5	4	3	2	1
栄える	唱える	治る	冷たい	清い	続ける	省く

2×7

(九) 同じ読みの漢字(16)

8	7	6	5	4	3	2	1
季	器	菜	最	票	標	以	位

2×8

(十一) 漢字(40)

10	9	8	7	6	5	4	3	2	1
昨	康	鏡	陸	節	競	英	共	令	候

2×20

20	19	18	17	16	15	14	13	12	11
おび	たば	じてん	こくさん	だいざい	うしな	すだ	ふうけい	む	がいとう

(三) 漢字えらび(記号) (20) 2×10

10	9	8	7	6	5	4	3	2	1
イ	ウ	ア	ウ	ア	イ	ア	イ	イ	ウ

(六) 対義語(一字) (10) 2×5

5	4	3	2	1
徒	席	差	副	無

10	9	8	7	6	5	4	3
ア	イ	イ	イ	ア	イ	ア	イ

(八) 同じ部首の漢字 (20) 2×10

ウ				イ			ア		
10	9	8	7	6	5	4	3	2	1
辺	達	選	連	努	労	勇	敗	改	散

(十) じゅく語作り(記号) (20) 2×10

五		四		三		二		一	
10	9	8	7	6	5	4	3	2	1
ウ	ア	エ	イ	ア	イ	オ	ア	イ	オ

20	19	18	17	16	15	14	13	12	11
笑	側	億	覚	芸	焼	特	録	観	賀

◆漢字の画数を数えると？　の答え◆

答え　望

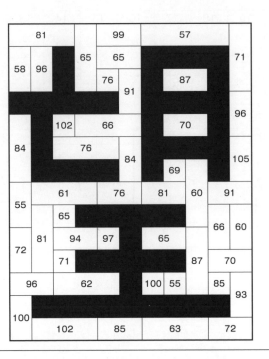

◆クイズであそぼ！の答え◆

クイズであそぼ！①

答え　①愛　②塩　③街　④議　⑤旗　⑥潟

クイズであそぼ！②

答え
①位・倍・億・他
②客・守・官・害
③芽・英・茨・荷

ここからえらぼう
議・魚・材・指・実・集
親・星・代・白・服

ヒント
①一つの場所にたくさん
　より合うこと。
②作品や話し合いの中心
　になるもの。
③まわりの人が言うよい
　うわさと本当の様子。
④入れかわること。

盤上の漢字：
代 金 魚 群①
交
④ 親 集
母 会
実③ 議
名 題②
指 材
薬 木
服 衣 白 空 星

→ゴール　スタート→
←

クイズであそぼ！③

答え

群集→集会→会議→議題→題材→材木→木星→
星空→空白→白衣→衣服→服薬→薬指→指名→
名実→実母→母親→親交→交代→代金→金魚→
魚群

クイズであそぼ！④

答え　①願　②観　③季　④課　⑤管　⑥関

クイズであそぼ！⑤

答え　①帰　②用　③親

クイズであそぼ！⑥

答え　①景　②信　③節

クイズであそぼ！⑦

答え　笛・答・等・箱・笑（順不同）

クイズであそぼ！⑧

答え　①低　②特

都道府県名

16	15	14	13	12	11	10	9	8	7	6	5	4	3	2	1
富山県 とやま	新潟県 にいがた	神奈川県 かながわ	東京都 とうきょうと	千葉県 ちば	埼玉県 さいたま	群馬県 ぐんま	栃木県 とちぎ	茨城県 いばらき	福島県 ふくしま	山形県 やまがた	秋田県 あきた	宮城県 みやぎ	岩手県 いわて	青森県 あおもりけん	北海道 ほっかいどう

32	31	30	29	28	27	26	25	24	23	22	21	20	19	18	17
島根県 しまね	鳥取県 とっとり	和歌山県 わかやま	奈良県 なら	兵庫県 ひょうご	大阪府 おおさか	京都府 きょうとふ	滋賀県 しが	三重県 みえ	愛知県 あいち	静岡県 しずおか	岐阜県 ぎふ	長野県 ながの	山梨県 やまなし	福井県 ふくい	石川県 いしかわ

47	46	45	44	43	42	41	40	39	38	37	36	35	34	33
沖縄県 おきなわ	鹿児島県 かごしま	宮崎県 みやざき	大分県 おおいた	熊本県 くまもと	長崎県 ながさき	佐賀県 さが	福岡県 ふくおか	高知県 こうち	愛媛県 えひめ	香川県 かがわ	徳島県 とくしま	山口県 やまぐち	広島県 ひろしま	岡山県 おかやま